學藝多方

新亞農圃道中文系師友述記

鄺健行 著

目錄

自序 002

校友編

楊勇校友 008
陳紹棠校友 020
李學銘校友 030
黃漢立校友 042
麥仲貴校友 052
林炳昌校友 062
陳志誠校友 074
梁沛錦校友 086
陳永明校友 098
張世彬校友

附錄：翻譯、治學與創作——鄭健行教授訪談錄 110

師長編

記曾克耑先生 164
曾克耑先生怎樣批改詩課 200
附錄：曾克耑先生批改詩課手稿 218

自序

這本小冊子收文章十二篇，先後在香港中文大學新亞書院系統內的刊物發表過。現在成書發表，部分文字有刪補。

十二篇文章分兩組。前面十篇為一組，寫新亞校友，那是應《新亞生活月刊》邀約在二〇一九到二〇二一年間寫成，每一期或兩期一篇。文中的校友其實是我大學期間上下距離不出三屆的同學，《月刊》用「校友」作題目，我一仍舊貫，「校友」不改稱「同學」。

《月刊》邀我寫校友，沒有要求寫甚麼時期甚麼系別的學生，我便挑最熟悉的去寫。這十位校友畢業後在社會工作，各有建樹表現。工作崗位性質不必相同，卻有相同一點：繼續文史探研，出版看來甚至跟本身工作性質無關的著述；從而見出新亞文化傳統的一致性與綿延。他們不一定享譽學術界，但是著作內容多樣化，深度可稱，所以本書題名「學藝多方」，同時表揚學藝。這是十篇文章主要的寫作用意。還有，文中人物我都熟稔，農圃道校園內，大家多少回一同閒步戲逐、淺深交談，在在印象深刻。六十多年過去了，未嘗忘記淨盡，也想趁自己神未盡昏智未全泯之時記錄一二，作為鴻泥留下來。這是十篇文章寫作的第二層意思。只是一想，自己距離神盡昏智全泯的時日還有多遠？到時眼前雖現鴻泥，腦間還不是白茫茫一片？每念至此，又覺無奈黯然。

後面兩篇文章屬第二組，第一篇一九八〇年十一月在《新亞生活月刊》發表，第二篇在新亞中學二〇〇七年編選的《農圃道足跡》刊載。兩文記述曾克耑老師怎樣在系中發揚詩風。他一方面鼓勵創作，一方面認真批改同學作品，指引向上途徑。特別要提的是：他批改嚴格，同學作品中一個字，他可以一改二改三改以至四改，務求盡善盡美，有益學者。我相信不少同學受到感染，都努力向上，稟承師教，向外弘揚風雅。今天大專界中頗具名氣的詩社璞社，還能見出曾老師的流風。

我多年來在大學授課，集中在古典詩文範疇。詩且擱下不說，文指散體古文。唐宋以來，散體古文被視為文體正宗，有關篇章作法的指示和美感欣賞導引的文字不知多少。我承乏教學，自然接觸到其中一部分。總的說來，前人的卓見偉識教我佩服。拙文是語體散文，也許有人覺得語體散文的寫作方式跟古文沒有關係。其實古文語體除了古今語言之別以外，二者在謀篇運意、遣詞酌句的作法上可以脈理相通的。我有時反覺奇怪，怎麼一些現代作者完全不重視其間的脈理了？拙文下筆之時，還是有過嘗試運用若干前人在寫作技法上的指示的。雖然限於個人才情，寫出來達到達不到指示的標準不可得知。倘使有讀者忽然提出：文章某處好像見出古人技法的痕跡，那麼知己之感會油然而生，不知提升到怎樣的程度。讀者如果還是我的耆尊前輩，我會趨前敬禮；如果是平輩同學朋友，甚至是後學晚輩，我也會趨前執手，含笑面對。雖然自己現時年歲大了，行動不方便，心中還是想像古人把臂入林的灑脫風采。

新亞

錢穆

新亞校歌

山巖巖，海深深，地博厚，天高明，人之尊，心之靈

校友編

楊勇校友

新亞書院學統中，我對比我早畢業的校友，儘管屆數前很多，一般仍以平輩論交，稱對方為兄的；當中只有三人例外。一位是余英時校友余校長。余校長是新亞書院研究所首屆之前的超首屆畢業生，可以不算學統之內人物。何況他任新亞校長時，我正承乏書院中文系主任。領導與被領導，上下分明。另一位是孫國棟校友孫老師。孫老師教我一年級「中國通史」課，既是老師，跟他輩份不能拉平。又一位是楊勇校友楊先生。楊先生沒有給我上過課，而且一九五九年才在中文系的前身文史系畢業，只早我三屆，按理毋需尊稱。不過我入學後不久，他便成為中文系助教，在中文系室幫忙系務，經常跟系主任黃華表老師在一起，有時也會給黃老師傳

楊勇校友（左）與饒宗頤先生合影（照片轉載自《楊勇學術論文集》）

達指示。我感覺上他跟黃老師是同一層次的人，於是不期然視之為師長，稱之曰先生。再說他年紀看來相對的大，他的實際年齡不好說，我知道有些同學興致勃勃揣測的。不管怎樣，如果以二十年作一世代看，即使我們還不算前後世代的人，應該也分居同一世代的首末。面對長者，心中容易產生敬意。一些比他早期畢業而在校內任課的校友如王俊儒、黃開華，我們互稱名字；但是對楊勇校友，終其一生，我只稱他為楊先生，不曾改口。

回想起來，他倒不一定把我看成學生輩。他撰寫過一副聯語給我：「文章七略劉中壘，辭賦三湘屈左徒。」上款題「健行學長正腕」，下款題

「永嘉弟楊勇拜書」，十分的客氣，完全不像居師位的語調。雖然舊日學人下筆往往謙遜，關係不能憑稱謂作準。好像牟潤孫老師一九六六年間給我來信，結尾寫「友人潤孫拜啟」。來信毛筆直書，「友人」兩字右側，客氣謙讓之至。但是我真是牟老師的平輩朋友麼？不過楊先生和我見面談話，終其一生，總叫我為「老鄺」。天下間應該沒有老師這樣稱呼學生的，老甚麼老甚麼只用來呼朋喚友。他口吻語氣如此，也許可以作為他對我們關係的定位。

同學多數不大接近他。一來他滿口溫州話，不易聽懂回應；二來他有點脾氣，容易給人看臉色；三來道貌未免過於岸然。他有一件內掛皮毛的藍布長袍，有時穿在身上，更顯德高望重模樣，使人敬畏。我初時跟他接觸，也是頗為小心戒慎的；只是接觸多了，又覺得他有直率熱誠一面，不全是人們提到的種種負面批評。我們同住在元朗錦繡花園。有一回他請我到他家閒談，泡了一杯浙江龍井茶款客，茶水色澤和香氣很不錯。他說友人送的，檔次不低。說來湊巧，我那時也弄了一些西湖獅峰龍井。過得幾天，我回請他來家中品茶。舉杯之際，我留意他略帶紫黑色臉龐的反應。只見他張嘴微呷一口，舌尖在上下唇這麼轉掃一下，即時說：「這個好，我的茶算不了甚麼了，比不上！」我大是得意，卻也欣賞他的坦率服善。他行伍出身，據說南來香港前在內地當過營長團長之類。年歲即使大了，軍人本色猶存，直說直話。

古人說投筆從戎，他南來入新亞書院求學，倒是棄戎從筆了。幾十年間筆墨耕耘，寫出多種有分量的學術著作，像《世說新語校箋》、《陶淵明集校箋》等，使人欽佩；批評者應該沒話說。一九五九年他在黃華表老師指導下寫成〈影宋本

楊勇校友（左三）與錢穆先生合影（照片轉載自《楊勇學術論文集》）

晦庵朱侍講先生韓文考異補正〉畢業論文，很受錢先生稱許。文章用考校方法撰寫，這便開出楊先生後來校箋、校考的研究方向與成果。

黃華表老師給我們開「韓文」、「史記」課，用桐城派的文論文法講授。楊先生後來也開這兩門課。他親近黃老師日久，想必傳承了黃老師的學問。聽說他頗有黃老師的講學筆記，而日後講課就包括了筆記的內容。只是他幾部專書，全是圍繞六朝的人物及著作而展開，未見黃老師的直接影響。不過二〇〇六年北京中華書局出版的《楊勇學術論文集》中有七篇涉及韓愈的文章，像〈論韓愈文之文氣〉、〈論韓愈文之體要〉等。

《世說新語校箋》

《楊勇學術論文集》

楊勇校友（左一）、陳紹棠校友（右二）、鄺健行校友（右一），攝於一九八九年中文系四年級同學謝師宴。

文章自是楊先生的議論，然而要說相承黃老師之說而來，整理闡揚，不能說沒有痕跡。閱讀之後，仍能引發我浮現當年黃老師課室內興高采烈、口講指畫、析說縱橫的情景。

楊先生離世十年了。我因為要寫他的文章，翻檢舊資料，居然找出我在歐洲畢業快回香港前一封他的來信，信中談給我介紹女朋友的事：「我前介紹女友，你須取積極態度，彼對你甚滿意……。」我記不起自己的態度取向積極沒有，總之沒有了下文，大概是不了了之了。我對楊先生很感抱歉，同時至深感激他的好意和熱心。

陳紹棠校友

近月新冠肺炎肆虐，不大出門，留在家裏重編個人的詩文集子。我二〇〇九年出版過《光希晚拾稿》，選錄此前的作品。正是光陰似箭，日月如梭；應了人們口中常言，一下子十一個年頭滑過去了。雖說年紀愈來愈大，創作力愈來愈差，可還是一疊疊的歌詩古文和駢文積存，還得整編一下出版，作為一輩子下了徒勞無功的工夫的總體紀錄。

陳紹棠校友

這幾天全稿初成，放在桌上看來望去，居然頗興滿足愉悅之感。與此同時，另一念頭忽地冒生：廣東話生動傳神，身為廣東人，自信可以靈活掌握運用，以往也曾用粵語據傳統格律寫了好些詩體和駢體文字。現在集子編好了，要不要也把我稱為「南音」的方言作品選輯成詩文集子的〈附編〉？念頭既起，即時拿出方言作品存稿翻看，愈看愈覺醰醰有滋味。方言存稿最早一首是〈送陳大師東遊台灣序〉，一篇帶調侃性質的粵語駢文，一九八〇年寫贈。文中陳大師非他，就是早我兩屆即一九六〇屆中文系畢業的陳紹棠師兄。看到他名字，心頭不期然一動：疫症癱瘓航空，今年他該不會回來了。

紹棠兄從香港中文大學中文系退休後不久，跟妻子女兒移民到加拿大溫哥華定居。卻是故土未忘，每隔兩年最多三年便返港一趟小住，有時獨個兒，有時夫妻倆。在他的舊學生安排聯繫下，我們多數有機會見面，飲茶吃晚飯，歡話平生。我從他言談文字間隱約感到他不很滿意移民生活：寂寞孤單，多數日子用電腦打發時間。儘管這樣，最近一回相聚，他神采還是不錯，開口還是聲音洪亮；就是步履遲緩了，頭髮花白了。我猜他心裏其實喜歡到香港來的。這裏有殷勤照顧他的學生，有笑謔無禁的老同學老朋友。聽說有一年他回港，到步不久即趕去中文大學醫療處取藥（中大退休老師仍舊可以到醫療處看病），原來他忘記了帶日常服用的一種藥物；這倒是稍見疏忽大意了。不過我倒願意給他找個正當理由開脫，同時也好給我的揣測作證據。不妨這麼解辯：他當時只因為歸心似箭，心情興奮之極，所以上機前行裝疏於檢點了。

古人有「事有必至，理有固然」的話，儘可拿來引說紹棠兄不暢快的移民心情。試想一個不太通異國語言習尚的老先生，自然難以舒筋展骨，接觸社會；而妻子女兒又得出門工作，沒有整天陪伴安慰之理。那麼他除了悶在家裏長日孤零、呼吸加拿大清涼空氣、打機上網以外，還能怎樣？何況他耳朵眼睛一向有問題，妨礙他外向活動散心。他兩耳聽覺能力差，我們得在他耳旁嚷喊，才能讓他

贈新亞中文系諸生（一九九二）　陳紹棠

蓋聞士人之患，在學不正而志不篤；上庠之設，則修其道而明其術。諸君將以有為也，故藏焉修焉，息焉游焉，既行弗由徑，日就月將，而康成正道有日，謂詩三唱斯闋，僅綴蕪詞，聊壯行色。

夫學無止境，期於不懈；逢世所淑，繫乎深情。窮且益堅，艱而愈進者，誠明之道也。諸君既有契於斯，守其故轍，則他日廬下陳經，無慚有道，丹台明鏡，不讓江都，人生至樂，孰踰於此，臨歧珍重，努力自愛。

聽進去。他近視也相當的深，閱讀時要除下厚厚眼鏡，臉孔比常人近貼紙面。我送他東遊台灣序言中這麼寫他：「埋頭唔睇嘢，得免多心；對面懶睬人，早借雙耳。」（「借耳」從粵語「借咗聾耳陳隻耳」化出，恰扣紹棠兄姓氏。）聯語雖說雅俚混融，算得生動有點意味，但戲謔性質很重，有欠厚道。所幸紹棠兄看文章時，臉上沒有不高興表情，也沒出言怪責。實則他身體這兩方面缺陷對他後來的教學成功和學術成就沒有負面影響，我反而因此對他的成功和成就加倍欽佩。

說到用廣東方言入文章，人們百分之百不會相信紹棠兄竟然是我的先輩。中大樊善標教授影印了一篇千字左右的短文給我看，題目是〈貓有九命考〉，載於一九五六年一月七日《新生晚報．新趣》「怪論連篇」欄。報上作者雖用筆名，卻是紹棠兄親口向樊教授承認自己的稿子。既然是怪論，自不能作正經論學文字看待。作者據廣東口語用詞牽扯配合到貓命上去，文言俗話夾雜。試舉二命作例：

第五命：為食命——君不常聽隔籬二叔婆罵其子阿蝦為「為食貓」乎？故吾斷凡貓亦具此命。

第七命：扯尾命——今人每稱人們作事，夾計欺騙人，將責任推來推去，大打其太極手法時，謂之扯貓尾。貓尾何以可扯而狗尾不能扯？此乃貓生成之命也。

行文靈動有妙趣，誰會想到出自後來我們認識的紹棠兄之手？我因此也不無恍然——他所以不怪責我的粵式駢文，有共同興趣，可能是其中一個原因。

中文系畢業以後，紹棠兄考進新亞研究所，後來取得中文大學碩士學位，進入中大中文系任教。潘石禪（重規）老師退休時登台講話，有幾句至今我記得清楚。老師說自己一輩子只幹過一種職業——教書。紹棠兄看來同樣步趨老師。他在中文系開授的課程，主要是「聲韻學」、「文字學」、「訓詁學」，屬小學範疇。有時也旁授其他課程像「柳宗元文」、「詩經」等等。我肯定他是一位十分成功的老師，不少從前聽課的學生今天仍舊對他執禮恭謹、悉心扶持，就是明證。他所以成功，首先當然是教學內容充實，聽課同學受教益啟發。黃耀堃教授說聽了他三年訓詁學。據說有一年某個課程開了兩組，時任講師的紹棠兄和另一位職級較高的老師分別主講。紹棠兄打分數有點認真，部分學生不敢領教，選修別組去了。可是他上課時，一些別組同學卻來旁聽領教了；大概由於在紹棠兄課堂上確有所學。另外還可以舉教學所以成功的一個次要原因：他為人平易，不擺老師尊嚴不可犯架子，容易跟青年朋友交流熟混。他跟同輩朋友爾我把臂不在話下，就是對學生，一樣脫略隨便，加以可以指點的便無所保留指點；一眾後生哪會不喜歡在他身邊打轉？

據我所知，香港只有他給潘石禪老師叩過頭拜師入門，是潘老師承認的傳統意義上的門生。潘老師是黃季剛（侃）先生的受業婿，所以紹棠兄是真正章（太炎）黃（侃）學派門下出來的人，聲韻文字可謂教得其所。他好幾次向我說過、的而且確說過：《說文段注》前後細讀了五通。像這樣子下苦功，我想該是獲得潘老師許可的原因之一。我說「我想」，倒不是胡思亂想。二〇〇六年母校出版了一冊五十五周年紀念文集《誠明古道照顏色》。書中有紹棠兄文章〈敬悼石禪師〉。文中紹棠兄親述受潘老師賞識過程，大概這樣：他在新亞研究所學習時，每天下午留所專心讀書，其他同學都往外面工作去了。一天，錢賓四所長和謝佐禹教務長到所巡視，奇怪只剩他一人；又見他正閱讀《章學誠遺書》；錢先生點頭說好。另外一回，他寫了兩篇學期報告：〈仁觀念之演變〉及〈仁觀念之完成〉，交上唐君毅先生，唐先生看後首肯。紹棠兄寫道：「這兩件事不知如何給（潘）老師知道了。」可想而知，這便是日後師生關係建立的契機。季剛先生門下士講求讀書積學。想當年潘老師在中央大學畢業後，原本湖北一所中學招請聘用，月薪大洋一百八十個。潘老師一次閒談中說了：當時每月四個大洋可以僱用一個老媽子。那是說大洋一百八十每月能僱用四十五名傭婦。以本港目前外傭月薪港幣四千五百元計，四十五名外傭每月工資合共二十萬二千五百元正；這是當年湖北某所中學老師月薪的起點。放在今天，不得了的優厚！這個數目，香港的大學剛畢業同學也許連夢寐都不敢以求，可是那時在大學任教的季剛先生對潘老師表示，最好留下來跟他讀書；潘老師於是回母校當助教了。待遇差些，但讀了六七年書。紹棠兄力學苦讀不外騖，隱約見到潘老師的影子。潘老師允列門牆，良有以也。

我收集到紹棠兄的學術著作不多，一本是和潘老師合寫的《中國聲韻學》，還

左起：梁沛錦校友、陳紹棠校友、潘重規老師、鄺健行校友、楊鍾基校友，攝於上世紀八十年代。

有一本是黃耀堃教授整理還未出版的聽課筆記《訓詁學師記》。另外有七八篇論文在新亞系統中的學術刊物《新亞學報》、《中國學人》、《新亞書院學術年刊》和《新亞學術集刊》上發表。文章有屬小學性質的，像〈馬敘倫《說文解字六書疏證》書後〉、〈古韻分部定論商榷〉；有論《詩經》的，像〈采薇新探〉、〈說南〉；也有涉及文學方面的。紹棠兄為人遜退，兼以不習慣社會交往，文章似多應師長同門囑約而寫，不主動投寄別處刊物，所以文章不多，聲氣不彰；實則胸中學問積聚遠遠不

《中國聲韻學》

只限於這區區幾篇的領域。我跟他平日不乏交流的機會，涉及學術層面，他不時會表示新見，我往往聳然驚異，心想他能夠就此鋪寫成文多好。他學術撰著雖不好拿韓愈〈調張籍〉中「流落人間者，太山一豪芒」兩句作比擬，不過數量不多，所學未盡展現，應是事實。

紹棠兄文章我讀得懂的，讀後總體意見是：言之有物，言有新意。就拿他專擅的小學經籍範疇以外的文學論文來說，他的一篇〈「子雲相如，同工異曲」論〉，我便佩服得很。「子雲」兩句出韓愈〈進學解〉，子雲是西漢後期成帝、哀帝時的揚雄，相如是西漢中期武帝時的司馬相如。近代名家的韓文集釋、韓文校注或韓愈文選等著作的解釋，大抵指兩句用曲調同異比喻司馬相如和揚雄兩人的賦篇同樣精美而體制風貌不同。這就是從寫作藝術層面述論。紹棠兄文中固然也談二人藝術層面的同異，可是文中還有這樣的鋪論，我以為是談「異」的深入不尋常的鋪論：司馬相如是縱橫之後而融匯齊楚二學的集成者，作品全跟朝政有關，是政治上文獻，闡明天子大一統之義。揚雄是儒家，重視作品的諷諭之旨。所以總的說來，「揚雄作賦，以教化作用為要旨，刻意提倡發揮辭賦的勸戒之功能；與相如賦為揄揚漢武之內外政策、闡明制度，有本質上之不同。」我一時之間沒能找出本世紀以來學者就此兩句寫成的專篇釋說；不過即使有專篇有這樣的議論，上世紀紹棠兄文中見解，那時肯定還未有其他人講過。

回頭再說拙作粵語駢文，上面我引錄了一聯。其實我還有兩句寫他：「後進莫測高深，儕輩咸推表率。」他聽覺不好，毋庸諱言有時會答非所問，不免令人迷糊。不過大家都不放在心上，反正可以筆談交流。我看他內裏神清識明，恐怕許多人比他不上。又因為他的為人和他的學問，率真深邃，很有過人之處，值得做榜樣，大家始終還是樂意親近他推重他；「咸推表率」可不是空話過場話的。

我希望跟紹棠兄多見面，特別是我們到了這樣的年紀。只是心願哪能必償？世事多變，無可如何。

李學銘校友

李學銘兄比我早兩屆，一九六〇年中文系畢業。這是說他一九五六年考進文史系，當時系主任是牟潤孫老師。過了一年即一九五七年，文史系分作中文歷史兩系，他選入中文系，系主任是剛從珠海學院過來的黃華表老師。

我入學時學銘兄三年級了。農圃道校園不大，全校學生聽說才三四百人，

李學銘校友

少得很。大家天天在小範圍內轉來轉去，都不陌生；中文系同學我全認識，就是外系同學也有許多相熟的。只是一年級跟高班的三年級同學沒有共同修習的課程，沒有共同聚集一起的機會，所以我跟學銘兄的交往不算緊密。要我對學銘兄早期的印象談點甚麼，老實說，能講的不多。只有一件事：他筆記鋼筆字入眼側斜，粗粗大大，別具一格。最近他告訴我：當時在課室側身而坐，為了筆錄方便，隨意順手點畫，成了習慣；後來經過牟老師告誡，習慣改了。不錯，以後目中所見，都是他本來就寫得好看的鋼筆字，再也見不到側斜粗大字體了。儘管這樣，一念及我們少日校園往事，側斜筆畫依然在我眼前清晰浮現，揮不去，抹不掉。

一九六〇至二〇〇四年整整四十四個年頭，我們很少聯繫。會面記憶起有幾回，但我應該不曾積極攀談，而學銘兄大抵也矜慎不隨便多話，於是大家淡淡離開。學銘兄畢業後在外面教學以及學術和社會活動種種，我還是從他人和後來他自己口中了解一二的。

他幾十年的工作多跟中國語文教育有關。這方面的專著和編著不少，提出的意見理論受到教育界人士推重和肯定。他擔任香港語文教育學院副院長時，主編過一冊《常用字字形表》，學院出版。因為是政府教育機構的出版物，這冊書無形中帶有權威性質，廣泛為人參考使用。寫本文的前三個星期，一位上世紀七十年代末母校畢業的楊校友還向人詢問此書，想找來教導晚輩辨認書寫正確字體。說到這時段內的其他作品，學銘兄送過幾本給我：《中國語文教學的現況與發展》、《中國語文教學的實踐與改革》、《現代中國語文的應用與測試》。說來慚愧，但得如實直說，我只看過三書中的幾篇文章。〈現代名人書信開首話語的考察和討論〉一文是其中之一，文章列出一些名人信札開始時不同的語句。我挑出這篇文章，因為我看完以後即有反應。當時聯想到很有一部分大專教者和學者寫信，開首話語總離不開「您好」兩字，好像再無其他話語可用了。對着這兩個字，我往往啞然，接着不禁黯然。我當時的反應是：「您好派」有機會讀到這篇文章，可能會受到刺激，從而有所反思也說不定。

二〇〇四年以後，我跟學銘兄接觸多了，因為時任新亞研究所所長的陳志誠兄請他來任教，我們成為了同事，熟稔起來。他進來不久，便投稿給新亞研究所以刊登古代文史哲研究文章為主的《新亞學報》。此後每年必投稿一篇，內容涉及傳統經學、文學和史學各方面。

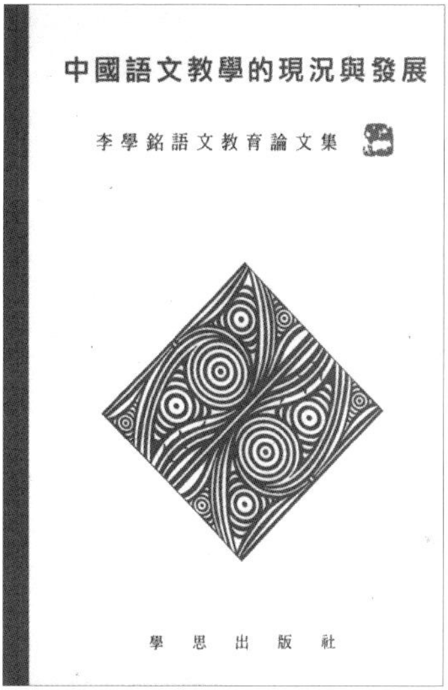

《中國語文教學的現況與發展》

學銘兄以往著述無疑卓越有貢獻，可是多數配合往日的工作，偏重中國語文教育；而原有的本行學問古代文史特別是他專長的東漢史研究文字，發表的好像不夠多；這難免令人有不無遺憾之感。我那時負責《新亞學報》編輯事務，最初連續兩回收讀他的文章，很是高興：好了，他筆鋒回轉了，重新整理舊業了，遺憾彌補過來了。自此以後，他文章寫了一篇又一篇。我揣測除了《新亞學報》，他還會給別的刊物寫稿。我感覺到他一發不止的寫作勢頭。二〇〇九

《東漢史事述論叢稿》

年以後出版了以下幾種專著：《未敢廢書》、《東漢史事述論叢稿》、《讀史懷人存稿》、《撥雲倚樹雜稿——古今文學辨析叢說》，正是這種勢頭的證明。

好像有這麼一句舊詩：「黃花晚節香。」象徵晚年的人仍舊散發光輝。拿詩句配對學銘兄二〇〇四年以後的學術研究表現，完全合適；不過應該還不足以對他平生作完整概括的說明，因為他前期的另一方向另一性質著述和活動也光輝散發的。我想必須用兩句話才能夠表達清楚，於是我大膽添謅一句上句，合成「好雨三春細，黃花晚節香」一副聯語，看看行不行。杜甫有〈春雨〉一詩，首四句是：「好雨知時節，當春乃發生。隨風潛入夜，潤物細無聲。」拙句詞和意從杜詩來，一望即知。春天居一年之首，可以象徵人生的前期。而杜詩中的「細」還不僅是純客觀的描寫用字，因為細而能潤，所以還有潤澤萬物、有益民生的含義；這似乎可以象徵一個人早期的正面表現。

因為彼此熟稔了，談話便多，話題也雜。我終於發現：學銘兄原來最是健談不過的人。他話匣子不隨便揭開，可是一經揭開，話便滔滔滾滾，像他寫文章那樣。當然要作補充：他話匣子冒騰出來的，我聽到都是好話或者有意義的趣談，不像希臘神話中的潘朵拉盒子，冒騰出來的多是可怕的情事。這裏我自己也弄不明白：本來東西萬里，古今不同，人神有別，怎麼心中忽然把二者牽扯在一起了？但我跟學銘兄談話，的確有一兩回腦海就是這樣浮起不倫的比擬；如實記下來也好。

牟潤孫老師指導學銘兄的碩士論文，學銘兄感念師恩，窮多年之力，搜集整理所有牟老師文字資料，最後由北京中華書局出版了四大

後排左起：曾國偉校友、酈健行校友、麥仲貴校友、劉智輝校友、黃漢立校友、鄧志堅校友、江紹德校友、黃漢超校友；前排左起：李學銘校友、李金鐘校友，攝於一九五九年新亞書院農圃道校舍圖亭。（圖片由李學銘校友提供）

冊；這又是學銘兄對學術界一項重大貢獻。不過有一點我不大明白：按說牟老師在新亞研究所早年教過不少學生，怎麼遺著的編纂工作落在入門較晚的學銘兄身上？我曾向學銘兄請教過，他說：

大學期間牟先生的課我全修了，中大研究院入史組跟他寫論文；但我不算牟先生親近弟子。你知道的，他身旁常有哼哈二將隨侍，挽皮包，打雨傘；此外還有其他學長圍轉不停；我當時年紀輕，性格又內向拘謹，哪能躋身過去？但是牟先生北行以後，許多人包括一些學生疏遠他了。他退休以後，情況更甚。有一年新春我到他家拜年，很長一段時間沒有人來，哪像從前分分秒秒門庭若市？牟先生是個喜歡熱鬧的人，一次見到我，叫我有空到他家談話，我就這樣一個月登門兩三回。聽他談經論史，着實受益；而他從前出版過的《注史齋叢稿》以外的資料，便在此時開始留意收集了……

「哼哈二將」四字不聞久矣，學銘兄居然提到，我心領神會，肚子發笑。不過此事毋庸多說，知者自知。我心思很快又轉回編纂上面去了。我知道整理出版老師遺稿花時間花精神，當今功利思想嚴重，很多學生也許不願意幹。學銘兄不同，他盡心竭力，不計辛勞，古誼可風；我十分的欽佩敬重。還有，他講話中提到修習牟老師課程的事，我即時聯想起中國經學史筆記。說起來我也修習過牟老師兩門課，其中一門是「中國經學史」。我自信經學史筆記做得詳盡，幾位翻閱過的同學也這麼說。可惜的是：唐宋經學一段不曉得甚麼時候丟失了。我想借學銘兄手頭的補足編成一書，找機會出版。不料學銘兄經多次搬家，筆記也散失了好些，不復完整；我聽後大為失望。沒法子了，只好寄望他日出乎意料的驚喜吧——某位舊同學忽然告知他願意提供丟失的部分。

黃漢立校友

六七年前逛書店，發現一本名為《丹道氣功補虧損法》的書。一看封面小字作者姓名，大是錯愕。翻轉封面小摺頁〈作者簡介〉，橫排短文上面附作者照片。對看細讀，登時驚喜莫名，作者竟然就是一九六〇年屆的黃漢立學長！〈簡介〉寫他「幼承庭訓，研習易經、老子、莊子、史記、韓文、杜詩，又得錢（賓

黃漢立校友

四）、牟（潤孫）、羅（香林）、伍（俶儻）、柳（存仁）諸師啟迪」；只因得族叔傳授門派煉養功訣，於是「主力研究古代氣功」。黃學長中文系畢業，畢業以後繼續從事文史研究是正途。雖說受族叔影響轉向氣功研究，畢竟着力方向不尋常，教人意外與詫異。另一方面，上世紀七十年代中期以後我便沒有跟學長聯繫，至此才知道他一直教學修道。故人無恙，想必清虛日來、渣滓都盡了。我怎不高興？又怎不替他高興？

《丹道氣功補虧損法》

氣功是講求體內行氣的功法，古代稱為丹道。古人修煉目的在長生成仙，修煉工夫深了，身體內氣可以感知，可感知的內氣運行經絡，從而促進激發個人生命力。至於是不是繼續修煉下去長生成仙，暫時不可說。現在可說的是：功法恰當能卻病延年，大家都這麼肯定的。

黃學長寫書，〈前言〉講明白：正是要指導衰老精枯的人通過氣功鍛煉延年卻病。全書我翻閱過幾遍，讀後感不少，以下想拈一兩點談談。我得先行交代：個人對丹道幾近一無所知，所謂讀後感，只能是「幾近一無所知」的「知」接觸全書以後的淺薄浮映。

首先，傳統丹經講到具體修煉方法時，或者由於門派重視口耳相傳秘授規矩的關係，骨節眼處描述有時不無含混，初學者把握有困難。學長的書不是這樣，功法步驟反覆指說，不厭其詳。譬如把精神思想集中在身體某一穴位上，這叫做「意守竅位」。初學的人意念自然集中在某一穴位固定一點上面。學長認為：這樣做反而容易出現練氣偏差，因為長時間意守面積狹小的竅位，反而令到那一區的肌肉甚至經絡容易硬化。他說「不要斤斤計較非要準確守着穴位不可」，只要以穴位作圓心，在以半徑為一英吋的圓圈範圍內意守便可以了。這無疑是他自身實踐有得的公開宣言、也是指點迷津之言。

其次，〈前言〉說第三章「從文獻上論述補虧損法在四百年中發展的經過」。既從文獻入手，那麼就是使用寫學術論文的方法。〈前言〉還說用文獻原文時，會「全部翻譯為語體文附在文章之後，凡是前人已有語體文翻譯而大體準確的，便加採用；如果沒有現成的，則由作者翻譯」。試想判別前人語譯準不準確，或者自行翻譯，沒有深厚的文史功底哪行？這麼說學長搞氣功研究不無偏離原來學習的本行，倒不能說都對。看來應該這樣說：學長是用文史哲的工夫融入氣功研究之中。且看他廣引道書之餘，旁及經子史及注疏，其間徵引爬梳，和中文系出身的學者講聲律的起源發展以及內容沒有分別。

一九五八年我是中文系一年級新生，課外閱讀忽然偏好元雜劇去了。說也奇怪，三年級的黃學長有時也跟我一起談談關漢卿或者白仁甫甚麼的，好像跟我有些兒同好。他元劇的知識比我豐富多了，我聽後很受教益。他是我第一位認識的三年級同學，只是最初怎樣湊合記不起來。印象之中，那時他有點木訥，話一句一句慢慢地說，音調抑揚不明顯。架上眼鏡的長臉孔表情變化少，要說板滯也行。我這人外表看不出甚麼，裏子其實帶些兒輕鬆隨便，所以一方面固然喜歡聽他講學問，一方面相處時興味不算高。現在想來，可能就是這樣，我錯失了一回機緣。我這輩子機遇不算少，總因沒好好地把握住給溜走了，到頭來剩下如今一副失落模樣；真個像《詩經》寫的「靜言思之，躬自悼矣」了。封面〈簡介〉有一句話，說學長幼年已通任督二脈，可見他跟我一起時二脈已通、道基已固了。當時我要是多向他接近請教，拉緊交情，說不準他一高興傳我一點練功心法，從此我便踏上仙途，多好！只是可惜了！

我一年級時系主任是黃華表老師，黃老師從珠海學院過來。學長是黃老師的兒子，一起過來。小摺頁說「幼承庭訓」，指的是黃老師的教導。一二年級時我們到過黃老師在鑽石山的家拜訪。師母和藹慈祥，招呼親切。黃老師談興很好，話題紛疊，指顧迅敏。他有時提到學長，便說Henry怎樣怎樣。Henry是學長洋名字，黃老師用上，大概因為跟學長中文名字發音相近的緣故。黃老師推尊桐城派，教韓文杜詩重視傳統評語圈點。但他可是美國留學生，不全排拒洋味兒於此可見。

學長本科畢業後，轉讀羅富國師範學院特別

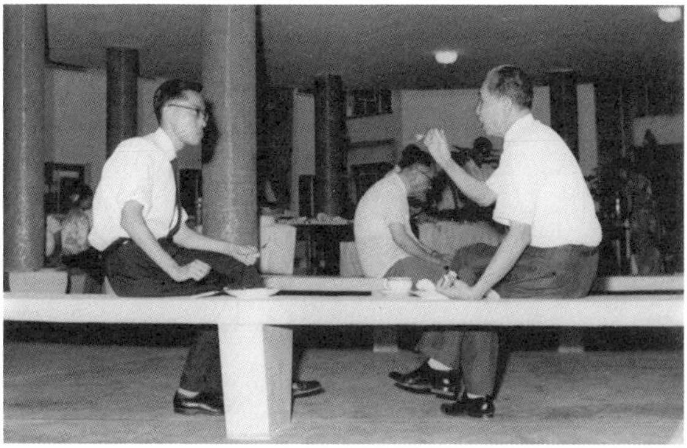

黃漢立校友（左）與黃華表老師（右），攝於新亞書院農圃道校舍圖亭。

一年制課程，我們聯繫中斷。又過了十年，我從希臘回來，登門謁訪黃老師，我們再見面。黃老師那時退休家居，他送我一冊明清之間廣東人陳恭尹《獨漉堂詩集》前兩三卷的影印本子；似乎想引發我對廣東文獻的興趣。老師在大陸時專意搜求兩廣詩文集以及清代中葉以後湖南雲貴兩廣繼軌桐城的後學文集；數量多，版本精。我揣測他希望青年學子用他的藏書跟他做學問。我這麼說不一定憑空瞎扯。當年《華僑日報》有一頁〈人文雙周刊〉版面，主編是新亞同門。我隱約記得七一至七三年間某期版面右上角登載一段小啟，大意是有學儒願意指導後學研習文事。小啟沒署名，那時我立刻反應會不會是黃老師來稿？我對這段小啟心中烙印深刻，現在寫黃老師，很快記憶起來。再說那時我回港未久，讀書研究方向未定，黃老師讓我試讀陳恭尹詩，我拖拖拉拉，過了一段時間才向他作口頭報告。易地而處，如果我是老師，心裏會有感受不？不久老師歸道山，我再也無從請益，連學長也疏遠了。

學長《丹道氣功補虧損法》一九九七年出版，據〈作者簡介〉資料計算，他當時五十八歲。〈簡介〉又說他研究氣功超過三十八年。就算是三十八年，他主力研究二十歲便開始。我大膽推想：桐城兩廣學術他不一定可以全力兼顧，那麼黃老師身故之後傳來藏書出讓的消息便不算意外。我們知道黃老師全部珍貴藏書最後由中國文化協會承接下來，一九九七年稍前整批運回台灣；得免零落失散，總算完滿可喜的結局。話雖如此，作為新亞人，還是可以帶點其來無方的悵惘的。聽說——只是聽說——這批書最初跟母校洽商，只是有人提出意見，於是作罷。這回事不必咬定當真，不過整批書新亞要是承接下來，也能穩妥存藏、有完滿可喜的結局的。

上世紀八十年代起，大陸氣功熱潮瀰漫；我受到影響，對氣功抱着極大好奇心，老早便訂閱了學長著作中經常引述的雜誌《氣功》，還盡力搜購前人講氣功的丹經。學長書中提到的書名一半或者起碼一小半我有購藏。我想閱覽了解，也想請人指引親身練習。遺憾的是：福緣太薄，始終遇不到高人，體內氣感從未絲毫出現；無可奈何。至於丹經，詞彙既生僻，文句多隱晦，自己對易學陰陽及中醫知識又差，翻來覆去就是看不懂。卻原來學長一九八二年起已在香港大學校外課程部講《周易參同契》、《悟真篇》和好些丹道要籍選章，只怪自己書獃子，一味潛退不接觸外事，連高人在近側都不知道，活該又失掉機會。到了翻閱學長大著，書中透露這時他已遠居美國。大洋相隔，無從聯繫；況且自己老大了，精枯神衰，即使面對良師，再也無法激發生命力，修煉總歸枉然。

儘管這樣，讀學長的書，知識層面收穫卻十分豐富。丹經從前讀不懂，學長書中引錄章節，看了語譯和釋說，領會了許多，並且延展到好些沒有引錄的文字。學長解說丹經詞語往往自源而流，多方對照，毫分釐析，大是啟人心智。譬如第四章講武術家和丹道家氣行任督二脈這回事，原來二脈位置儘可移動。武術家功法行氣，擴展猛烈，利在搏鬥，二脈接近表皮。丹道家功法行氣，收斂悠

辛炎德校友（左二）、黃漢立校友（中）、劉智輝校友（右三）、鄺健行校友（右一）

長，利於養生，二脈下移體表深層。看到這裏，我彷彿聯繫到甚麼了，看來武術家的氣功不易達至丹道家所冀盼的長生目標，這不是可以給武當派名宿張松溪的求仙不成作似乎是理性解答了嗎？朱貞木《羅剎夫人》十一章寫張松溪閉關修道，五年後弟子遵囑開啟洞窟看看師父有沒有蛻骨登仙。洞門啟處，只見石上倒臥一具骷髏，石上依稀露出「仙道無憑」四字，那是張松溪臨死前用金剛指力劃出來的。朱貞木的武俠小說有還珠樓主的影響，但還珠寫修道結胎、元神衝離軀體與天地同壽，朱貞木偏反過來寫，倒是不容易理解。

學長出版《丹道氣功補虧損法》以外，一九九六年還出版了《易學和氣功》、《氣功築基法》二書。他移居美國後依舊教授氣功。說起來他雖然是學長前輩，年紀實際小我兩歲。我這樣污氣濁骨的人目前還能好好活着，他仙道之士自是安然乘化，就是不知道一九九七年以後到今天二十三四年間又有幾種新著裨益道門和學界？可惜不知道美國的音訊，問不了。聽說一九九七年後他回來過香港，不過我們沒見面多年了，即使知道學長回來，恐怕還是不便聯繫，還是問不了。

麥仲貴校友

新亞研究所圖書館的潘秀英女士最近寫了一篇文章在刊物上發表。文章追記二十年前她在研究所讀書期間的一位老先生。這位老先生每天坐在大門口右側房間木桌旁，最早到來開大門，辦公人員和師生散盡後鎖大門離開。有時他獨個兒走廊踱步，自言自語；有時跟別人點頭招呼，卻答非所問。潘女士心中奇怪，後來一打

麥仲貴校友

聽，老先生原來是唐君毅先生指導過的學生、新亞研究所哲學組碩士、出版過文藝和學術著作的麥仲貴先輩。她大是感喟，於是寫成〈隱世的學者——懷念麥仲貴先生〉，述論老先生的生平和著作。

這位老先生其實就是我大學的師兄，一九六一年畢業，比我早一屆。潘女士說他應是一九三七年出生。他矮矮個子，外表看起來樸厚欠神采；即使農圃道求學時期，也不怎樣流露青年輕銳意氣。人很隨和，大家暱稱他做貴叔。一九六八年研究所畢業以後，一直留所讀書服務，直到二〇〇九年去世。一輩子不張揚外露，不多跟外界接觸，潘女士稱他為隱世學者，十分恰當。女士能選寫仲貴兄，發仲貴兄潛德之幽光，我既欽服又感激。讀女士文章，同時也勾起我跟仲貴兄過去交往點滴的回憶。

仲貴兄晚年精神異常的病徵，上世紀七十年代初我回研究所兼課的時候察覺不出。事實上他給《華僑日報．人文雙周刊》專欄供稿起碼到一九七九年底。我參考過的資料：一九七九年十月，專欄刊載他〈宋元儒學家生卒年補考．十九〉一文。頭腦不行，怎能寫考證文字？此前有這麼一兩回，我拉他和舊同學玩牌，他立時同意。牌桌上精神集中，贏牌高興輸牌嗟惜，講話帶濃重鄉音。當時他三十來歲，還沒有結婚（後來也沒有），大家都說他就是想親近女孩子，常常藉口給女孩子看掌相，手執對方玉手，撫摩指點不停云云。我不曾親眼目覩，不過同學團聚一起時，便拿這回事作弄他，說：「貴叔又同邊個女仔睇掌呀？（貴叔，又給哪個女孩子看掌相呀）」說到「女仔」一詞，總是極力模倣仲貴兄的台山音腔調，卻又模倣得不倫不類，十分的怪趣，登時引發一陣歡笑。他好像不以為忤，也不承認或否認，只含糊應答一句半句，都聽不出講了些甚麼。

仲貴兄病徵開始呈現，大概在上世紀八十年代中期，以後日漸加深。怎麼會這樣子？原因大家說不出。我聽過一兩種揣測：貴叔受到失戀的打擊了，貴叔受到某種社會壓力的欺凌恐嚇了；實則所言無根，提不出真憑實據，不能作準入信的。我眼中見到的是：研究所要緊的事後來都不讓他幹了，所務助理張先生就讓他負責記錄郵件收發、開門鎖門諸如此類活兒。我見過張先生有幾回當面埋怨責備他，他不回嘴，只有「哦！哦！」兩聲。他去世前在窩打老道廣華醫院住過，然後回家休息，定期覆診。覆診聽說後來不去了，就這樣任天命的安排！染病期間我到過他家探望。他是廣東台山縣人，一輩子鄉音濃重。我跟他同鄉，探望時用家鄉話交談。開頭他話稍稍響亮暢順；過不了幾句，又變回微弱

左起：鄺健行校友、麥仲貴校友、謝正光校友，攝於新亞書院農圃道校舍圖亭。

滯礙了。

《新亞心聲》第一輯選錄了仲貴兄大學時期習作〈海〉詩，頸聯「煙水成孤賞，雲山夢舊遊」。想到他晚年的枯寂神昏，不期然浮現我們求學年代交遊舊夢作對比。如煙似水，飄流在自由的天地之間，原是他當時最喜歡的生活。這不是我瞎說胡扯，一九六九年他給自己的散文集《草窗隨筆》寫〈後記〉，說「這些東西是散文，也沒有連貫性，可以自由的抒寫；而我便是最喜歡生活在這種自由的天地裏面」。一九七〇年散文集出版，他送我一冊。我讀畢全書，即時覺得仲貴兄外表雖然憨拙慢動作，內心倒是靈動馳騁之極。只是到了生命末期，他似乎生意自絕，往時飄煙流水的生命寄意應已消散無存。我默誦遺詩，只能對他過往的靈動興遙遠而美好的追思了。

潘秀英女士稱仲貴兄為學者，自是指他三種著作而言：一九六八年出版的《宋元理學家著述生卒年表》、一九七三年出版的《王門諸子致良知學之發展》

和一九七七年出版的《明清儒學家著述生卒年表》。三書對學術的貢獻，唐君毅先生序言有所肯定及指明，那仲貴兄當然就是學者。《明清儒學家》一書是他先後赴台灣和日本搜集資料後的宏撰，《王門諸子》一書是他一九六八年碩士論文的整理補充版，《宋元理學家》一書應該是他寫論文同時甚或稍前已經開始動筆的學術成果。

一個三十歲左右剛拿碩士學位的人便出版了像《宋元理學家著述生卒年表》那樣有分量的撰著，實在教人欽佩。一般人攻讀高等學位，孜孜兀兀戰戰兢兢準備論文還來不及，那能另抽時間兼顧其他文字？仲貴兄就是兼顧了。那只能有一個理由：學問聚積充盈足以旁溢，並且精力絕對旺盛過人。黃俊東先生給《草窗隨筆》寫序文，說仲貴兄寫小品文「苦心經營，無論結構佈局和用字都特別嚴密」。既是「苦心」，則多番反覆斟酌去取可以想像。我十分相信仲貴兄寫小品文的態度，同樣適用於撰寫學術文字上面。聽說他謄鈔文稿時，一出現輕微失誤，譬如寫錯寫漏字句，或者造句可以更好，便另換稿紙，重新寫起，總要完整無疵才罷。他一方面寫論文一方面寫書，本來已大花時間，再加上枝節細事也力求完美，多番更改，又不知另外費時多少。果真這樣，沒有遠超常人的精力，哪行？

《草窗隨筆》的文章，書末一九六八年的〈後記〉說是「十多年前寫的」。就算十三四年吧，該是一九五五到五六年間動筆的事。當時仲貴兄還是高中學生，可見他早就是文藝青年。他是文藝青年不錯，只是我還想作點補充：他是有學問的文藝青年。因為書中反映的不光是文藝氣質才華，還有讀書學問。且看他在〈致夏天〉一文裏寫怎樣過暑假：

我無須做着自己不喜歡的功課和習作，我可以靜靜地讀着斯賓挪莎（Spinoza）的《倫理學》，讀着《韓非子》，讀着康德（Kant）的《純粹理性批判》，讀着《蘇東坡集》。然後夜來了，我就安靜地坐到書桌旁邊，扭亮了檯燈，寫我的《草窗隨筆》，或許寫我的哲學讀書筆記。

然則他能夠在大多數文章前面分別引錄約二十位西方文學家或哲學家的名言去啟示文內寓意，或者在書中屢屢引錄中國冊籍原文去發揮或加強文意，便不難理解。中外學問早有積聚，後來寫論文時另作兼顧，也就不足為奇了。

兩種《著述生卒年表》的成書，講求資料的搜羅摭拾區分整輯，完全是硬工夫；過程繁瑣費神不在話下。不少人會視

麥仲貴校友遺作及遺物

此為畏途，仲貴兄卻好像樂於壁壘攻堅。我想這跟他的性向不無關係。他一向有收集整齊資料的習慣。研究所收藏遺物之中有他中學時期剪報五冊，每冊各有主題；其中一冊剪存當年各校學生投稿報章的新詩。我隨意翻閱，忽然瞥見一位仿中（仿林中學）芸窗社筆名冰冷酒同學的新詩〈淚影〉，每行字數相同，聞一多〈死水〉體。我興趣來了，只因這冰冷酒非他，正是陳志誠校友。這首四行小詩志誠兄說沒有存稿了。幸虧仲貴兄保留下來，於是志誠兄少日的柔情，得以配合他晚年的莊肅，形象益發全面了。

最後我想引《草窗隨筆．森林序曲》一段文字結束本篇：

你曾經在桃花夾岸、柳絲低垂的溪邊走過。那時候，你年紀輕輕的，你無憂無慮的。你的臉頰非常鮮嫩，像蘋果的緋紅，像秋月的澄明，微笑的時候淺淺的酒渦像一朵初開的桃花；你的眼珠烏溜溜的像黑夜的星光，晶瑩可愛；你的心情也怡悅得像浴在春風裏的花蕾，臨風帶笑。你走過溪邊的時候，你有時凝視着溪流中的繽紛的落蕊，你發出愉快的微笑，把石子輕輕地數着一顆顆的投到流水中去了，你沒有一點惜花人的無端傷感，你走着吹着輕鬆的口哨就過去了。……

這也算是自言自語，然而是靈府「像秋月的澄明」時的自言自語。我想當年在研究所的潘秀英女士，如果讀到一段這樣的文字，怎麼都猜不到這樣的文字會出於面前走廊踱步問非所答的老先生吧。唉！貴叔。

林炳昌校友

張良是輔助漢高祖得天下三傑之一，運籌帷帳，決勝千里。這樣一個人物，任誰都會想到是一名英氣勃發的軒昂丈夫；就連寫《史記》的司馬遷最初心中的張良也是魁梧奇偉的形象。不料太史公見到張良的寫真，竟然「狀貌如婦人好女」，這便不免引致像宋代蘇東坡在他的文章〈留侯論〉

林炳昌校友

中所下的判語那樣——「不稱其志氣」了。

我準備寫炳昌兄的文章，不知怎的，開始構思之際，忽然記起司馬遷和蘇東坡的文字。張良和炳昌兄自然方方面面都不在一個可以比對談論的層次。如果我要寫一篇甚麼〈張良林炳昌合論〉，那就等於我居然嘗試拿荷馬敘事詩和故友李燕兄寫個人艱險生活歷程的一首長詩牽扯作文學比較，別人非得指說荒唐之甚不可。

可是我心中的確有上述的異樣浮現。所以如比，只因炳昌兄幾十年來在美國社會特別在三藩市華人社區活動的成功和貢獻，足以引出比附一二的念頭。我不是說炳昌兄男兒女相甚而是好女之相。他百分百男子相貌：兩眼瞇縫近視而未算短小靈動的男子相貌。一句話，由於畢竟不是魁梧奇偉的外形，便可以拿魁梧奇偉作共同因子，比擬到古代去了。

三藩市華埠是美國最大的華人社區，起碼是最大的華人社區之一。幾十年來，炳昌兄在這裏創辦社會服務中心，跟政府和市立大學等機構合作，專為華裔移民辦事謀福祉。他為人正派，講實話，處事認真有規矩，真真正正幹出工作成績來，從而很受中美人士包括高層人士的好評和尊重，逐漸成為一位出色的活躍人物。最近幾年他算是退休了，但是僑團在重大問題上仍舊咨詢他意見，仍舊屬意請他籌畫；不妨說他只算半退休。我們儘管分隔港美兩地，他的事我還是知道一些。我父母親長居三藩市，幾十年來，我每年一定抽出三四個星期到美國探望兩位老人家，有時一年走兩回；這樣我一直跟炳昌兄保持聯繫接觸。我們每次見面飲茶吃飯，還是老同學相聚的樣子，言笑不禁，彼此生活工作的大概情況不掩飾。近年見面飲茶，步入酒家還沒有坐穩，往往接連有人過來跟他打招呼問好。炳昌兄獲美國國會頒授終身成就獎，應該就是他成功和貢獻的最佳證明。

炳昌兄一九六一年中文系畢業，高我一屆。求學年代交往不算深。一九七一年秋天我在雅典大學畢業，冬天來到三藩市，翌年夏天回香港。就在這半年時段內，我們再度相會，接觸頻密起來。他那時在華埠負責一份「華僑報」的編輯工作，見我閒着沒事，便安排我在報上寫專欄，左右談些文學話題。大家經常在華埠碰頭，有時星期天我還到他在屋崙（奧克蘭）的家中打麻將。兩個不到十歲的女兒梅芷和韻芷俏生生在我面前走動，很乖，現在依然印象深刻；真可以套用杜甫〈北征〉「床前兩小女」和〈佳人〉「怡然敬父執」，換一個字合成「堂前兩小女，怡然敬父執」兩句。炳昌兄嫂同時下場打牌，還有另一位朋友。炳昌兄牌章不怎麼樣，嫂子卻十分的高明。記得她有時還抱着歲數很小的男孩龍仔，一面愛撫呵護，一面從容應付牌局變化，最後贏錢；然後照料款客。我每次到來，感覺十分的安適。

炳昌兄的房子相當大，擺設舒適。書房藏書應該不少，卻記不起參觀過沒有。記起來的是：有一回我談及翻譯工作，他順着翻譯的話頭說下去。他一番話我記得分明。他說早年愛看外國文學家的作品，帶來美國的圖書，外國作家中譯本不比中國近代作家的作品數目少。我聽了沒說甚麼，心裏卻着實驚奇讚歎。回想我們讀書的年代，不少文藝青年都愛看外國翻譯著作，即使一個像我這樣全然不沾文藝氣息的人，還是弄了一些外國文學名著作個模樣閱讀，甚麼《還鄉記》，甚麼《莫泊桑短篇小說集》、《約翰・克里斯多夫》等等。有時整理檢拾書架，這類作品成堆重現眼前，不免感慨一番。炳昌兄當時是標準文藝青年，自然乘潮順流，浮沉在翻譯本海洋之中了。說到這裏，我忽然驚覺：近一二十年來接觸過的本港學府中文系同學，怎麼沒幾個人提及閱讀外國文學名著翻譯本這回事？難道風氣變了，跟從前的不一樣？又或者他們外語強了，可以直接閱讀原文，不靠譯本了？我近年事情都愛從好處落想，覺得後面的揣度會是事實；那麼一代勝似一代，多好！

時間慢慢過去，炳昌兄社會上名聲愈來愈好，愈來愈響，工作酬酢自然愈來愈忙，不過他對文藝寫作的熱衷和興趣丁點兒未減。他在香港時是文藝青年，其後移居美國，大半輩子直到今天都在美國生活。由青年而中年而老年，照樣給報刊寫文章不停筆。當然身份是要一變再變，轉成文藝中年和文藝老年的。他逐漸輯理舊文成書出版，我知道的有《困乏我多情》和《千年紅淚》，還有不算文藝作品的《八股文之研究》。我看有待整理出版的文字應該還有不少，好像專欄「美人門下」和「煙雨樓隨筆」都是。十分期望早日成書面世。

讀了炳昌兄著作，我要像中學生作文那樣寫幾點讀後感。

第一，三藩市華埠低層生活的滋味，作

《困乏我多情》

《千年紅淚》

為一個最平凡不過的廣東省台山縣飄洋過海的移民子女，他初到美國時看來嚐過了。《困乏我多情》一書的命名，固然見出母校精神對他的感染以及他對母校的感懷；書中主要寫他在美國生活奮鬥的歷程和相關涉的諸般事項，「困乏」兩字卻也不妨看成他借用作早期生活的概括說明，這也就是本書底頁簡介文字中「走過多少艱辛」的另一種表述。及後他成了華埠社區名人，人與事接觸多了，特別是上層的人與事接觸多了，於是種種組織活動、心態嘴臉，無不看得清清楚楚。他經常圍繞華埠見聞包括瑣屑見聞而着筆的專欄，本於真切的觀察和透深一層的析解，便不好跟一些浮泛的方塊文字相提並論。我想假如看作研究美國華人移民的系統學術專著的外圍補充，而且是雖細微卻具體深刻的補充，不能說全不靠譜。

第二，炳昌兄久居美國，看到的不僅三藩市華埠一隅，也延展到整個美國。「美人門下」專欄開場白表明「就是要反映一點美人的心態」。所謂美人，「就是今日最不可侮而可侮、最可愛而不可愛、最困窮而非困窮、最愚蠢而非愚蠢的美國人」。這幾句定性話語，大有見地，大有趣味，大可咀嚼。一百幾十篇短文，美人心態通過種種事例去反映，譬如〈鴇母可以當市長〉、〈娶妻難．求妾易〉之類，讓人開拓眼界、增長見識，我們往往從中看出中美人民生活思想文化的差異；不是紮根在美國的人，不一定可以於此聚焦作述論的。只是我有點意外，他幾回提及的面試題目的例子，好像沒有出現在寄過來的專欄影印本之中，那不是典型的文化差異例子嗎？他說有一回醫院招聘雙語口譯員，他在面試小組之中，向申請者提問題。三道問題都擬定了，有標準答案。其中一道這樣：「假如你陪病人到候診室，裏面有其他人，卻喧鬧騷動；你怎樣辦？」標準答案是：「向管理人投訴。」他接着說：「東方人一般會回答勸喻各人安靜下來，或者回答閉嘴不講話。回答要是這樣，那就是錯，申請不會成功，因為意見偏離美國人的普遍心態。」

第三，我說炳昌兄是文藝派人物，大概不錯。試看《千年紅淚》的文章，儘管深心寄意，筆觸卻是柔和得很文藝味兒得很。不過既然大概不錯，也就含有不全面準確之意。二〇〇二年他整理三十八年前的論文，出版《八股文之研究》一書。序言說「要為國故盡點知識份子之責」，然則他又是一位講舊學的嚴謹莊重學者了；這便可以把他和好些文藝派人物區分開來。八股文研究近年流行起來了，可是上世紀五十年代到八十年代，這種文體在大陸似屬研究禁區，學者不沾手。一九九〇

《八股文之研究》

年山東大學舉辦首屆賦學會議，就在人們還小心不多談駢賦的時候，我寫了一篇〈律賦與八股文〉提交大會。事後想來，能在風氣之前開步，不免得意。那曉得炳昌兄的八股文論文一九六三年脫稿，比拙文早寫二十七年；而且是完整的述評，不是拙文的枝節碎論。我一向不知道他在這方面下過工夫，知道這回事，讀了他的書，大是欽佩和慚愧；欽佩的是他學術研究上的勇於走有意義的新路子，慚愧的是個人向來得意自詡的胡鬧。

今年六月我又去三藩市，我們又見面吃飯，幾十年不變，一切照舊。我當時決定回港後在本刊專欄寫他，準備飯後兩人合照，照片給編輯先生製版。可是飯後揮手道別，全記不起拍照一事。本來往日一切記得牢，當下一切忘得快，原是老年人的特徵。說是一切照舊，但年光像川流奔逝，終於到了遇事即忘的階段，我難道不是變了、變老了？是的，老了。

陳志誠校友

母校圍繞圓形廣場的石牆鐫刻歷屆畢業生名字。我受宋代「元祐黨籍碑」的啟發，戲稱石牆為「新亞黨人碑」。宋徽宗時，宰臣蔡京把同具舊黨理念的人如司馬光、蘇軾等三百多人目為姦黨，刻名石碑。司馬光等人算不算姦黨暫且不論，這三百多人大致具有相同的政治理念應無可疑。母校桂林街及農圃

陳志誠校友

道時期（起碼是農圃道前期）的學生大致具相同的文化理念——熱愛中國傳統文化，重視中外文化交流——也是事實。既然前人後人都有共同執守的特點，那便可以勉強拿「新亞黨人碑」去比附了。

石牆在母校遷入沙田後建成，補刻早年畢業生姓氏。我名屬一九六二年屆，志誠兄也是；我們同屆畢業。中文系一九六二年三十九人畢業，該是母校遷入沙田前人數最多的一屆。其他三十幾位同學後來行事怎樣和「新亞黨人碑」所以稱為「黨」的初期精神理念扣合，我不大清楚，因為大家接觸機會不多。至於志誠兄，我們做過同事，平日過從也頻密，看得倒是比較明白的。

一九五九年下半年，也就是我二年級上學期，我莫名所以地當上了新亞夜校校長。母校搬離桂林街後，原本在桂林街三四樓兩層校舍由經濟系畢業的列航飛校友接過來，改辦全日制新亞小學；晚間則由唐端正、蘇慶彬等校友在四樓一層辦新亞夜校小學，招收深水埗區一帶家貧失學的孩子。老師義務教課，學生收費很低。唐端正兄擔任過夜校校長，到後來是胡詠超兄。胡兄退出，便由我承乏，直到一九六三年秋天我離開香港。我說「莫名所以」，因為直到現在，我就算抓破頭皮，還是想不起怎麼會跟新亞夜校這條線連接上。我入夜校前應該不認識胡詠超、唐端正等學長，他們高處新亞研究所，一個本科二年級學生那能攀援？不過算了，就讓謎團保留下去好了。且說我接任初期，夜校除了一向任教的藝術系譚漢詮兄和一兩名外校工讀生，原日教師都離開了，人手不很充足，幸虧有志誠兄進來。他後來還引進過同級好些同學，像郭錦樵、何湞顯、杜志謙、陳漢忠等。志誠兄說和我一起進夜校，我記不起是我邀請他，還是其他人。這裏也是一個怎麼也想不出來的答案。我們無疑同系同級，又一起上多門必修課，可是不算太熟稔，儘管也不算太疏離。我單人匹馬從澳門考進來，無群無隊。志誠兄比較跟班上在報章文藝園地投稿的同學攏合一起，大家正準備編印散文集《棠棣》和《靜靜的流水》。我怎麼走近開口請他呢？前些日子我們飲下午茶，談到商請往事，我希望可以得到答案；那曉得志誠兄也一臉困惑，無從解答。謎團仍舊是謎團，只好再說「算了」。

夜校學生各級合計不過幾十人。麻雀雖小，五臟倒還齊全。校長之下設教務主任，由志誠兄填補這一職位。他對教學和校政積極投入的程度大大出我意料，使我驚喜。記得學校稍後購置了一部新款酒精影印機，不必寫蠟紙，只用普通紙張寫稿，機內注入酒精即可複印，操作相對方便。志誠兄教課之餘，主動給學校編了一份不定期刊物，取名《新亞夜校校刊》，每期七八頁長紙。校聞以外，老師同學

新亞夜校師生旅行青山。老師三人，後排左五至左七：歐少文（英文系）、鄺健行、陳志誠，攝於一九六二年八月。

一起供稿，志誠兄負責抄寫；抄寫當然花費不少時間。他書法秀麗，印出來很好看，師生都高高興興閱讀，從而加強了校內的凝聚力。

我和志誠兄以及其他老師當時真個全心辦學、全心教學，一意要教好孩子。孩子們其實也意識到學校和老師對他們的關懷，晚上九時四十五分放學後不願意即時回家，喜歡留在學校談話說笑、奔跑追逐，往往十時還不散。只是這麼一來，便給樓下的人造成滋擾。我們有幾次好像聽到下層有人用長條木棒之類撞擊三樓天花板的聲響，似乎是一種「溫馨提示」。我和志誠兄相視而笑，立刻催促孩子離開。我們尾隨下樓，有時會走出桂林街，左轉荔枝角道，到附近一家茶餐廳坐一會，點一道錦鹵雲吞，邊吃邊談，十分的舒暢。漢詮兄不時加入，大家講東論西，興致勃勃。少年昂揚意氣，當時不覺得怎樣；現在事隔五六十年後回眸，往日情事仍宛然在目，真使人低個悵惘無盡。

我不是自誇，新亞夜校那幾年在志誠兄的協助推動下，加上譚漢詮兄一旁盡力支持，搞得確實有生氣。可惜寫新亞校史的人兼提夜校時，從不訪問我們；真不知道夜校這幾年間的情況怎樣寫下去的。志誠兄處事認真並且能力強是他日後社會活動成功的一項因素。這樣的因素，新亞夜校期間已見端倪了。

我們畢業以後，一同考進新亞研究所。志誠兄稍後獲得日本政府國費研究生獎學金，到京都大學深造，回港後從事教育工作。他曾任香港理工學院中文及翻譯組主任，最後在香港城市大學語文學部主任任內退休；再受聘為新亞研究所所長至二〇一一年。此外他還是好些香港政府公職委員會的委員或主席。看他的履歷，多是部門工作參與者或主要負責人，這便見出他確是辦事長才。早年在新亞夜校這麼展示一兩下，只是牛刀小試罷了。

我知道他負責城大語文學部期間增設了「應用日語」一門課程，這當然跟他的日本學術背景有關。隨後由此推廣，又增設了「韓語」一科。兩門課程對幫助學員接觸和認識東北亞語言文化作出貢獻，自不用說。想起初入新亞研究所，我和他同選「日語」作必修外語課。「初級日語」繁難得很，我上了幾堂，受不住，退修了。志誠兄則堅持到底，還到日本讀書，而且學成歸來作出貢獻。還是那天飲下午茶時，他忽然提到我退修時一句「苦話」：「這比甲組數更難搞。」他問我記不記得，我搖頭。不知怎的，我忽然也記起一樁事，問他記得他請我到日本商會餐廳吃魚生（生魚片）說的幾句話不。他說沒有印象，我於是簡單敘述：那天魚生端來，我舉筷子夾一片往嘴裏送。魚片剛到唇邊，他倏地發聲：「且慢，這魚片很貴，咬上半片就是五六十元；得好好咀嚼品嚐。」我登時一愣，慌忙減速，慢慢送魚片入口。本來預備細嚼品味，可是魚片實在太嫩太滑，舌頭攔阻不住，一下子溜下食道去了。

他留學日本，中文大學校外進修部請過他編電視教學之用的日語課本。我注意到他在《初級日語》序言裏幾句話。他提到教材編選上，希望加入「與語文學習有關的日本禮俗、風習及歷史、地理等文化背景」。這些話便不是一般語文教師的口吻而是學者的吐辭。學習語言不光停留在語言層面，而是由語言的內涵通向文化；就像從前的《大一國文》編著者用意那樣：誦讀古文篇章不僅僅停留在字句章法上面，還要憑藉文章認識文化。我跟志誠兄交往多年，約略感知他對日本文化的深厚認識，只是一般人不重視不理會。由於中日兩國歷史上的交流影響關係，他講日本文化，有時會聯繫到中國方面綜合述論。最近我寫了一篇有關一九六四年母校畢業生張世彬校友的文章，當中提及張校友生前寫過一本書《幽玄的美與愛》，書中全寫日本風土人物景色。我對書名中「幽玄」兩字準確含義不很明白，向一位日本通的朋友請教。朋友說「幽玄」是日本人獨特美感用語，中國沒有這樣的美感專詞。張校友到過日本求學，所以借用過來。文章不曾點出日本通的朋友姓名，其實就是志誠兄。我當日一問，他很快覆郵，大是受教。說到這裏，我又聯想起一九九二到九五年間我和志誠兄以及陳永明兄三人給報章每天輪流寫專欄短文。我們議定各人選擇個人熟悉的一兩個文化專題着筆，一直寫下去。志誠兄表示會集中寫日本文化。不錯，三年下來，他短文不少；題材廣泛，知識性強，可讀性很高。仍以「幽玄」釋說為例，我在拙文中撮引志誠兄解說，但撮的既簡單又不妥當，還是要引志誠兄原文才見真章：

所謂「幽玄」，原是日本中世紀文學的一個中心理念，指的是靜穆柔美、深遠微妙的要求。它本來用以表現佛法的玄奧深遠，自平安時代的《古今和歌集》以後，才用於跟文學有關的方面去。到了中世之時，又多用於「歌」、「連歌」（日本特有的一種詩歌形式）和「能樂」等方面的文學表現手法。以「能樂」而言，本來已重視所謂「豔麗柔和」的美感，其後「能樂」著名的作者和理論大師世阿彌更特別着重「幽玄之美」而大加發揮。

像這樣的作品還未見他整理出版，教人焦急。

志誠兄幾十年在大學的語文學系工作，環境氛圍以及學校要求都使他的著述朝向語文範疇。他第一本書《應用文基礎》一九八七年出版，以後又主編了幾種在他主持下舉辦的應用文國際學術研討會的論文集，像《新世紀應用文論文集》、《新世紀應用文論文選》上下卷，煌煌巨冊。應用文講求配合對象時空、合式得體，不能恣意縱橫，脫範逾規；是重要的學術研究領域，和詩詞沒有兩樣。當今時代變化，人際關係和社會事物之間的相互關係，大見複雜，又跟古代很不相同，更需要像志誠兄在《新世紀應用文論文選．前言》所指出的那樣：「加強應用文和應用寫作在理論和實踐上的鑽研和開拓」。志誠兄在這一學術領域中既有論著，又積極推廣，可謂難得。

志誠兄二〇一〇年給香港城市大學編了一冊四百頁的《在奮進中成長——香港城市大學二十五周年歷程的回顧》。二〇〇九至二〇一二年間，他以香港華人廟宇委員會委員身份，代委員會寫了好幾篇香港廟宇的碑記。給城大編書，其實就是古人的修史。碑記諸作用文言撰寫，即姚鼐《古文辭類纂》中十三種文體的碑誌類。史文和碑文撰寫都有客觀時空對象等條件需要考慮，屬於實用性質文字。城大的《回顧》我翻閱了一下，幾篇碑文我全讀了。我想正是由於志誠兄學問的專長，專書和散篇才寫得使人佩服。就文字看，我特別欣賞他的文言碑記，學苑中人能這樣寫的可能不多了。而

《在奮進中成長》

我在欣賞之際，竟然還帶出一點「文外餘意」：怎麼一個在《靜靜的流水》中把自己看成酒水、滿腦子柔情幻想、嚷喊「冰啊！冷啊」的白話文藝青年，竟然在碑記中寫出莊肅雅鍊的文句？好像〈沙田車公廟重修碑記〉中一段：「今工事既竟，廟貌一新。仰車公之德容，赫赫威儀；瞻聖像之神光，倍添風采。此則善信所喜聞樂見，萬民所安心託庇者也。」前後分別若此，個中道理，看來還得細細探尋研味才行。

陳志誠校友擔任香港華人廟宇委員會委員期間，曾代委員會撰寫好幾篇香港廟宇的碑記，〈沙田車公廟重修碑記〉為其一。

梁沛錦校友

沛錦兄和我同是一九六二年中文系第十一屆畢業生。他二年級插班進來，高個子，清瘦身段，臉孔有點長，流溢青年人光彩；講完一個見解時，頭略側斜點幾點，兩唇閉緊，嘴角微垂；屬於教人見了容易銘記的一種形象。這和我的平板無奇、別人即使見上十回八遍、還是抓不住一點甚麼這樣的一類字號剛

梁沛錦校友

好相反。三年同學，接觸互動自然不少，當中一樁事我印象尤其深刻。大概三年級的時候，忘記哪一科目了，同學堂上要作讀書報告，兩人一組；沛錦兄和龍禎祥合作。同學報告，一般內容寫在筆記本或散頁紙上；他們兩人不這樣，內容寫成長卷，登台後在桌面左右鋪開，然後拿起手持兩端宣讀，頗有電視電影中官員宣讀朝旨的架勢。我頓覺眼界一新，大感興趣。這兩人不遵常套，十分的有創意，十分的特別。這回事沛錦兄應該記不起來了。我是個似乎頗有「特異功能」的人，別人一些稍異尋常的言行舉止，比較容易「上心」，而且久久不褪滅。現在寫沛錦兄的文章，他陳年舊事即時又從心底浮現起來了。

沛錦兄是粵劇研究專家、粵劇研究先驅，也是積極推廣粵劇人士；這個大家公認的。大學二年級時，錢校長從台灣聘請到第一位國家博士、精研元雜劇的羅錦堂先生來校教「中國文學史」和「曲選」，同學們都修習了。不過看來沛錦兄對元曲的感領和興趣特深，所以後來羅老師的老師鄭騫（欣伯）先生來港授課時，便跟鄭教授研寫關漢卿的碩士論文。有了對古代戲劇的底子，加上他說從小便培養出對粵劇的濃厚興趣以及後來跟粵劇前輩的經常接觸，他轉向研究粵劇該是有軌可循、可以理解的事。這麼一個研究方向轉變，在我看來，很有意義，大是難得。五六十年前，粵劇屬於中下層市民娛樂消遣的項目。地方劇種層次低，高層知識分子不重視，特別是受過新派教育西洋教育身處高等學府的知識分子。回想起來，當時他們疏離粵劇的程度，也許比稍後疏離武俠小說更甚。粵劇是個寶藏，今天我們都知道了。這個劇種被列入世界非物質文化遺產名錄便是最好的說明，也順便給當時一些人打了臉。不過幾十年前學術界受到認識的限制，看不到粵劇的價值，倒是不足為奇；可怪的是沛錦兄那時好像已超越了認識高度的界線而動手探研了。他從整理考證粵劇資料開始，繼而在學術研究之外，兼重粵劇的推廣工作。學術研究留心跟隨主流顯學沒有問題，不過倘使能首倡風氣，在未經探索而又值得探索的園圃內開途闢徑，更是可取。自然這十分的不容易，因為這關係到一個人的目光識見。我很明白這番道理，也曾嘗試左顧右盼、衝刺了幾下；可就是邁不出原來畫地為牢的圈子。無可奈何！

沛錦兄研究成果之一是一九八二年出版的《粵劇研究通論》。〈小序〉說「粵劇研究是一片荒土，有待我們戲曲研究者大量投入和努力耕耘」；然則此書不妨說就是荒土上首先冒出的一葉青苗，著者則是荒土中曾經流滴汗水既翻且鋤的開墾者。書中引錄大量文獻資料，另加不少插圖和表格。

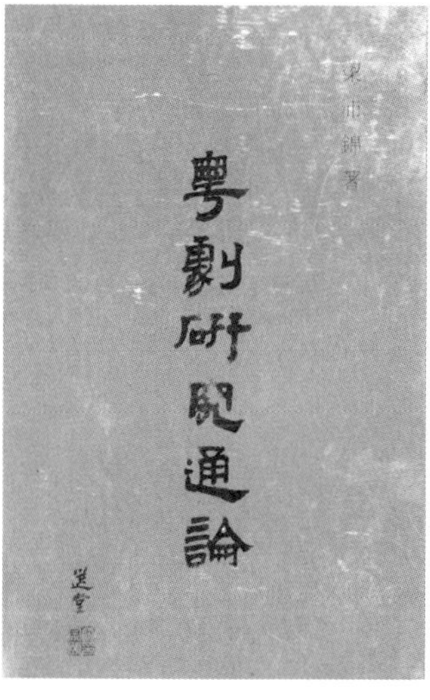

《粵劇研究通論》

我翻閱〈目次〉，章節排列方式隱然見出他早年對元雜劇考證和關漢卿作品校評上嚴格學術訓練工夫修為的轉移，無疑是一本有分量的學術著作。稍覺遺憾的是：全書版式印刷一般，圖片不夠清晰，充實內容和平凡外形不配襯。此書跟一九九二年香港市政局圖書館給他出版的《六國大封相》書樣差遠了。《六國大封相》彩色印製，圖文並美，既達到著書「整理」粵劇的要求；又能吸引讀者，引起翻閱的興趣，從而達到「推廣」粵劇的目的。

我十分慚愧，儘管一向佩服沛錦兄的粵劇研究，可是他這方面的專著有多少還不大清楚。上述二書以外，我知道他還有一九七九年龍門書局出版的《粵劇劇目初編》和一九八五年三聯書店出版的《粵劇劇目通檢》兩種。前些時他又送來二〇〇六年印行的《廣州粵劇發展（1949-1965）》，卻是不曾讀過。這本書主要探討某一粵劇主題，跟其他各書屬粵劇根本範疇研究性質不同。我們知道：一九四九年以後，國內政治環境和意識形態發生了翻天覆地的變化，影響到全國人民以及大小事情方方面面，粵劇同樣無法例外。本書記述建國之初到文革前夕十六年間粵劇受到的政治影響。沛錦兄在卷首等於是序言的〈前言後語〉表明撰著原則：「盡量客觀敘明，避免恩怨是非糾纏，深感探明大時代變化跡象、說得清楚，比嚴厲評判更具時代意義和學術價值。」公正持平與心平氣和是真正學者為文應有的態度，沛錦兄把持住了。這樣態度下寫出來的文字，往往容易閃現出學術良心。書中內容主要集中在改戲、改人、改制三方面。這「三改」固然算發展，不過也許只能說在原有基礎上另一意義的旁向發展；看成變革也行，看成棄舊立新也行。正因這樣，出版者不免有諸般考慮。沛錦兄「不願作不必要的改動」，於是自印發行。

一九七二年秋天我回港入母校服務，沛錦兄過了幾年也返回母校中文系教「元曲」、「古典戲劇」等科目；我們相聚一起了。一九九五年我提前從中大退休，轉到浸大中文系；沛錦兄一年後也退休離校，專心策畫在內地興建小型醫院事宜；我們分道揚鑣了。同事近二十年，辦公室同在層樓之內，見面或者討論正經事，或者怪話笑談、言不及義。當時不覺得怎樣，現在回想：同學少年，共事壯年，該是難得的緣分。我這裏特別要提一下捷克之行。一九八九年三月十三日到十七日，我和沛錦兄，還有饒宗頤先輩、陳志誠陳永明二兄，一同在捷克 Smolenice 市的古堡中開漢學會議。那時捷克還是社會主義國家，物資好像缺乏；我們天天吃酸魚加麵包，不很好受。古堡內外環境風光倒是不錯，只是沒法子遠出，難免困促。這類苦樂參半的日子沛錦兄想必記得，這也算同甘共苦吧。當時開會資料我有保留，沛錦兄三月十五日下午四時半到六時四十五分那一場作報告，論文題目是 Chinese Traditional Opera and its Western Influence since The May Fourth Movement（五四運動以來中國傳統戲劇及其西方影響）。中文本不知道發表了沒有？此外還有一事也想提及：一九九〇年夏天，我到韓國漢城（今首爾）大學訪問，恰好沛錦兄從日本轉來，我到酒店探訪。酒店房間鋪設厚厚坐墊，我

左起：陳志誠校友、陳永明校友、饒宗頤先輩、梁沛錦校友、鄺健行校友，一九八九年三月攝於捷克。

們藉地對坐，高談闊論，地北天南，淋漓暢快。他提議活動活動，只是我當天下午有事，未能跟他賞玩習尚景觀人物風情，可惜了。我跟沛錦兄活動有前科，前此我們兩家，還有他外兄夫婦，一同到過泰國布吉島旅遊了好幾天，當地習尚景觀人物風情，卻是賞玩了一下的。

他興建小型醫院計畫大大出我意料。一個孜孜不倦搞了幾十年粵劇研究推廣的人，退休之後繼續同一範疇內相關的工作，最合常情常理。在這裏又見到他不遵常規、轉到毫不相干方面展示獨特關注。只是仔細思量：他要集資在貧困地區興建一百所醫院，其重要性和有益於世的程度，不見得就在學術研究之下。他說一百所的目標已超額完成；其間不曉得傾注了多少心力。他說有時還和妻子北上看看。我這麼想：始終關心固然應該，只是一個年已耄耋、健康狀況不似從前的人，活動之餘，還得多多休息才好。

我們離開母校以後，依然保持相當緊密聯繫，有幾回他夫婦還邀請我參加醫院的落成典禮，可惜我總因時間這裏那裏不方便，去不了，一直引為憾事。他們夫婦重視友情、喜歡跟同學朋友相處，大家都知道的。好像大學時跟沛錦兄結組的龍禎祥同學，不幸早逝。幾十年過去了，兩人對龍大嫂和姪兒始終關懷。去年十月，我們一九五八年入學的同學舉辦入學六十周年「花甲宴」，他們把龍大嫂也請來，以示未嘗忘卻禎祥兄之意。再說結伴參觀醫院一事儘管無法成行，但我到沛錦兄家跟嫂子和一二舊同學打打小牌（沛錦兄少下場），然後吃一頓豐盛晚

《廣州粵劇發展（1949-1965）》

飯離開，倒是常有。我用「嫂子」一詞，下筆之際其實不無別扭之感，這詞兒嘴裏從來不曾講過，因為嫂子就是同系同級的蘭文彬同學呀！我們同學平日直喚姓名，哪管她是梁門蘭氏嫂夫人？幾十年前男女交往雖然相對保守，我們班男女同學戀愛之風可十分的熾熱。三十九人中我知道起碼有四對夫婦，梁蘭配是其中之一。文彬同學無疑是沛錦兄事業成就的最大背後支持力量。沛錦兄在《廣州粵劇發展（1949-1965）》的序言中寫明此書編印出版「得到老妻鼓勵」，那等於是公開登鳴謝啟事了；

這是一例。文彬同學直率爽朗，是去年「花甲宴」發起及籌辦人之一。她是湖南人，喜歡吃辣不用說。一說到辣，我不期然留意到沛錦兄飯桌前面不像妻子那樣，擺放一小碟辣醬。他似乎不吃辣，起碼不怎麼吃辣。這便問題來了：追求期間怎麼投對方所好、同甘共辣呢？難道真如個別同學咕唧的那樣，有個忽然嗜辣的時段？弄不清，不可說。

陳永明校友

我上課有時講到詞語運用準確的問題，喜歡舉「分享」一詞為例。享是享受，身心愉快的感覺；分享是分給別人享受。不過如果朋友昨夜發惡夢，青面獠牙的厲鬼要撕他皮挫他骨，朋友翌日向我追述，說要給我分享；這便說不過去了。因為我聽完以後，毛骨聳然，彷彿跌進他夢境之中，哪來愉快享受？只

陳永明校友

是這樣子使用「分享」的人往往存在。就是說：有些語詞含義本來有固定的趨向，講話的人偏讓詞意四面八方衝冒，不管哪個方向好哪個方向壞。

最近新冠肺炎肆虐，據說老年人染病死亡率高達百分之三十或以上。我屬貪生怕死之輩，不敢隨便出門，絕大部分時間留在家裏看電視聽播音。看啊聽啊，赫然發覺許多人口中量詞「位」字使用方向感也不怎麼強烈了。我一向拿正面性質的名詞而不拿帶負面性質的名詞跟「位」字配合。我說「幾位善長仁翁」，可不說「幾位賣國賊」。不料時移世易，現在「鄉民發現幾位偷渡客」、「警方拘捕了幾十位暴徒」這樣的話不時會溜進耳腔來了；「位」字使用中性化和「分享」一詞沒分別。

我不覺想起永明兄。上世紀末本世紀初幾年間，他在香港電台主持《中文一分鐘》的節目，講中文各方面的話題。記得有一回他談到量詞「位」字，跟我說的差不多。《中文一分鐘》講稿後來輯印成書，我有幾冊。為了印證記憶無誤，即時找書來看。可惜的是：這些年來藏書搬來運去，亂堆亂放，一時之間幾本小書不曉得塞到哪裏去了，找不到。我不息心，立刻上網翻查，果然找到《中文一分鐘》錄像錄音。可是目錄列出大量輯次，得一輯一輯依次檢閱，太過費神，只好作罷。不過我確信永明兄在節目中講過「位」字這回事。《中文一分鐘》節目的錄像或書冊看來還是值得向社會大眾極力推薦，那是很好的學習和參考資料；因為像量詞「位」字這樣有益的析說，永明兄口中筆下不少。

翻尋錄像目的未達，我照樣高興，十分的高興，只因在錄像裏重覩永明兄二十年前的丰采。那時他五十來歲，個子高大，身板挺直，圓臉白白胖胖，

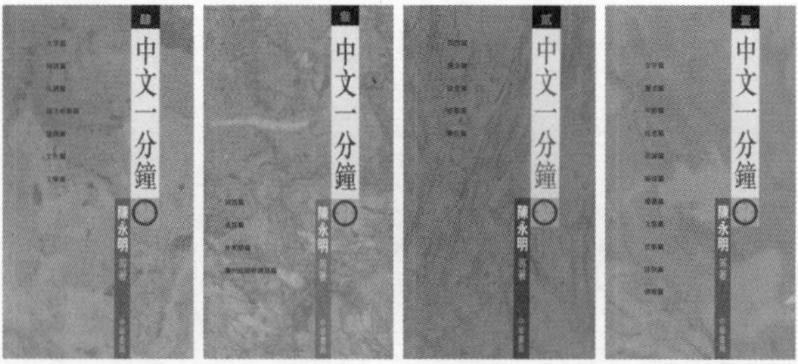

《中文一分鐘》

腮下肉條衣領外微微左右凸現，不失梁巨鴻兄口中常稱的「肥明」形象。永明兄思路快口齒靈，我一向佩服。錄像之中，只見他西服儼然，鼻樑架眼鏡，舉手投足自然從容，言語流利清晰，要講的話恰好限時內講完。一分鐘看老同學的「演出」，真個賞心樂事。

永明兄一九六三年母校中文系畢業，低我一屆。母校求學時期我們交往一般，記不起他有沒有後來那樣胖胖的福相。母校畢業後他考取雅禮獎學金到美國深造。直到上世紀八十年代他回港入中大中文系任教，我們才再見面，並且成為同事。到了一九八七年底中大中國文

陳永明校友主持香港電台節目《中文一分鐘》

化研究所和中文系合辦「國際中國武俠小說研討會」時，大家接觸多起來了。那是香港第一次舉行的武俠小說研討會，基本上由永明兄推動和籌畫。他跟文化研究所所長和中文系系主任熟稔，容易接頭講話。不過把武俠小說的討論帶進嚴肅的學術殿堂之中確有特殊正面意義，部門負責先生同意合辦，見出高明識見。

記憶之中，那時香港學界中人對武俠小說好像不怎麼放在心上。永明兄既然搞這方面的研究，觀點和主流意見肯定有距離。今日看來，他當年的異見異舉，不管怎樣，客觀上能夠引發從學術角度切入研究武俠小說的風氣，還是值得肯定的。我對研討會比較積極投入。我雖然是個爬梳故紙堆討生活的人，青少年時期倒也看過不少雜書，包括迷上了香港新派武俠小說和上世紀五十年代前大陸流行的北五家武俠小說，因此對武俠作品態度大是寬容，甚至傾向好感一面。於是我給大會提交論文了，為大會講評其他與會學者的文章了。

一九九四年香港浸會學院正名為香港浸會大學，成為官立大學之一。浸大招才，永明兄由中大轉到浸大，隨後接任中文系主任。承蒙永明兄顧盼，浸大正名後一年即一九九五年，我到浸大中文系承乏教職。過了幾年，永明兄應香港教育學院邀聘離系，最後回美國定居。我無去無從，留在浸會直至二〇〇二年正式退休，沒有到三藩市和親人一起，只蟄居新界元朗；香港其實也不錯。天下無不散筵席，同學朋友聚散屬常情，只是當今情況特殊，互散距離地域更遠。

幾年浸會時期，相處融洽，工作愜心，最是愉快的回憶。永明兄主持系政，應該說呈現一番新氣象。他為人活躍，社會聯繫面廣闊，不時通過校外不同文化活動形式提高系譽，《中文一分鐘》節目就是例子。其實除了《中文一分鐘》，他還主持過三四個社會文化節目，像香港電台的《詩韻詞情》、亞洲電視的《優勝之道論孔子》等等。系內的事情雖說遵循成規，他掌系政，自然想開展系內學術風氣宣揚學系的學術水平和成績。我雖說幫不上甚麼忙，但在開展學術風氣的方針下，還是盡力和系內同人一起，嘗試申請大型研究計畫校外資助、舉辦特定

陳永明校友於書院辯論賽的英姿，他是當年粵語組冠軍的成員，攝於一九六二年四月。

主題的國際學術研討會、出版研討會論文和研究計畫的學術成果、編輯學報和帶領好碩士博士研究生。幾年之間，浸會中文系外界口碑不錯，倒也不必謙抑不言。

永明兄系外活動往往有助系內學術工作的開展。要舉當中一例，最好拉回武俠小說講。香港是新派武俠小說發源地，香港人對初期新派武俠小說種種資料有收集保存的責任，可是有心人好像見不到。永明兄熟悉外頭研究經費申請門徑，便向藝術發展局申請到一筆十萬元的資助，從事香港新派武俠小說發展初期資料收集整理研究工作。他把具體工作交付給我，我於是找來幾位同學當助理。教人惋惜的是：資助為期只一年，一年之後資源不繼只能停止，資料無法收集齊全。收集整理的資料最初放在我辦公室，我退休後移放在系藏書室。有一回我到系藏書室看，堆放不無散亂。整批資料聽說後來送給大學圖書館。多年前我這麼想：大學有規有矩，圖書館經過一系列整理編目以後，一定上架供借閱；就是不知道開始整理沒有？我希望這批我幾番摩挲的資料儘早供人使用，以免有負永明兄方便研究者的初心。

永明兄負責系政，裏裏外外事務紛繁可知，何況學系正處在由學院規模轉向大學氣派的時段？我對事務紛繁多少有切身體會。忘記了哪一年，永明兄短暫休假，我代他處理系中工作。系裏女文員辦事室和我房間斜角相望，平日難得進來一趟講事情。可是一當上署理職位，好啊！每天敲門十次八次，這樣子怎能安心讀書寫作了？不過看到永明兄不斷給「摘藝」專欄和他處供稿，似乎他偏能澄心執筆。果真如此，真個不容易。

說起「摘藝」，那是永明兄、陳志誠兄和我在《香港聯合報》副刊上面寫方塊文字的專欄，由一九九二年六月到一九九五年年底，每篇八百字左右。永明兄認識報章副刊主編，主編請他寫專欄。他是想寫點東西的，卻也顧慮事情繁忙，於是找志誠兄和我共同分寫，志誠兄和我答應了。我們三人定下寫作範疇，避免內容跑野馬：每人的「正業」中國文學不寫，集中寫一兩門「副業」。永明兄說喜歡聽西方古典音樂，家藏這方面的唱片數以千計，要寫西方音樂欣賞的方方面面。志誠兄熟悉日本文風民情，準備集中寫日本。我表示想這裏那裏談談武俠小說或者希臘甚麼。說回永明兄，他後來出版了幾種有關音樂的書：《音樂子午線》、《五線譜上的躑躅》、《音樂織錦的三絡線》，端緒看來該從「摘藝」開始。

永明兄學兼中外，外文著作數目我不知道，中文著作卻是豐富。根據他去年出版新著《餘閒偶得》摺頁中〈作者簡介〉所列，連同新著一共十三種。我把各書約略分成三類。一類跟中國文學有關，像《中國文學散論》、《莫信詩人竟平澹——陶淵明心路歷程新探》。一類跟思想哲學有關，像《原來孔子》、《原來尼采》、《哲人哲語》等。還有一類作品屬於他至愛的文學和哲學之外的愛寵，也就是他自嘲為「拈花惹草、到處留情」的愛寵——音樂和宗教；上面所列音樂三書就是。永明兄畢業母校中文系，聽老師講傳統學問；在外國他研習西方哲學特別是近代西方哲學，又接觸到異域氛圍下異國意識型態下的中國文學課程。多方面交融絞結，他的眼界情懷以及觀點議論跟學術背景相對單一的人有所不同，該是合理的推斷。至於如何不同，我自慚淺陋，永明兄很多文章我讀

《餘閒偶得》

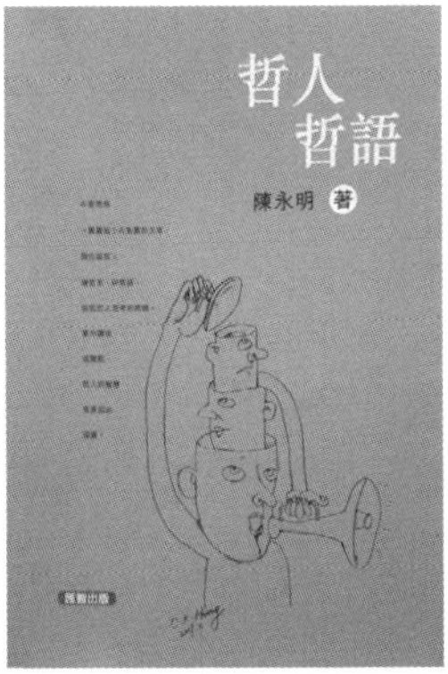

《哲人哲語》

不懂，不敢妄置一詞，留待高明詳細探論好了。不過光從書名用「新」用「原來」這樣字詞推敲，則文章在多方交融絞結下呈現非尋常的蹊徑脈絡和論議，相信會給讀者驚奇與啟迪。

《餘閒偶得》讀後，我跟永明兄通電郵。他說希望以後每年寫一本書，今年本來有書要出版，只因疫情延擱下來。寫筆和精力老而彌健，我除了欽羨，還能怎樣反應？美國目前疫癘猖獗，他自然像我不大出門，心情應該不很好。不出門甚麼方法打發日子排遣悶煩？還在聽西方古典音樂？他的數以千計的唱片幾十年後音質還好不？下回電郵得問他一問。

張世彬校友

世彬兄比我晚一年入新亞書院中文系，比我晚兩年離校。他唸了五年，只因當時香港中文大學正式成立，新亞是成員書院之一。他雖然在書院畢業了，仍得多讀一年，才能獲頒授香港中文大學第一屆學位。至於我們早時畢業的人，要獲學位，則需補讀一年或兩年。我沒有照補如儀，新亞本科畢業後，考

張世彬校友

進新亞研究所。一年後也就是世彬兄取得香港中文大學學位前一年，離開香港。

世彬兄高瘦個子，話說得興奮或者高興時，會夾雜一陣響亮笑聲。我留下這麼一個印象：他許多時候穿一件「夏威夷」白襯衣，兩手微微撥動走路；說是擺動也好，說是不大收斂也行。他是新界元朗人，據說有些元朗人習慣這種近似走路方式的。我們稱世彬兄為「張君」。他走路的動感，我有時竟然會牽扯到「將軍」一詞上面去，雖然明知是全沒道理的牽扯。

我三年級時世彬兄二年級。中文系二年級同學必修曾克耑先生的「詩選」課。曾先生最重詩作練習，班上同學作品自然不少。我讀過世彬兄好些篇章，覺得他隨意揮灑，多奇意奇語，並且詩膽很大。他有一首五律〈落花〉，起聯作「去住原由命，癡人解得麼」？「麼」字作韻腳不常見，有人或者會顧慮近於曲子用語而遲疑不敢下筆的，他可全然不管。有一回曾先生以〈螢〉命題，同學們或者寫清宵流輝，或者寫照書撲扇；他則以「獨留冷耀明幽夜，不向人間照讀書」作結。夜色幽寒，書卷不映，意與象另闢方向。

那一年學校舉辦學術論文比賽。我知道有些同學寫文參加了；我也寫了一篇投寄，心底居然還有入圍甚至可能得獎的信心。一段時間過去，結果揭曉了：冠軍張世彬同學。我不無意外，我本來沒想過他會投稿。平日閒談，話題天南地北，就是很少聽他提及讀書問學。不過一看論文題目——〈論宋詞之四聲陰陽〉，儘管全文未見，心底已有折服的感覺。宋詞研究，從作品本身聲音律調的角度切入，不是常見的案頭文學外緣論述方式，走別人不走的路子，自見特立可貴。他獲獎文章刊載在一九六二年《新亞生活雙周刊》第四卷第十五期。我通讀全文，徵引繁富，析論精微，當中指陳古今名家失誤，一以材料作依據，結論堅實可信。自思要寫成這樣的文章，一定辦不到。當時不知怎的，忽然心頭還浮起宋濂的文章〈秦士錄〉來了，覺得文中對秦人鄧弼的一些描述，似乎可以轉移到世彬兄身上去。這鄧弼是一名狂生，平日不見「挾冊呻吟」，可是有一回卻以胸中積學教兩名「讀書人」啞口無言。

我離港近八年，其間全沒跟世彬兄聯繫。回港之時，他已在中文大學崇基學院音樂系任職了。重逢飲茶打麻將——那時他和我都喜愛這玩意，他談笑風生，氣度丰采沒變。牌局緊張進行之際，他會忽然放聲唱起歌來。

過去七八年間的事，我從同學口中和他們文章裏約略知道一些。

大學最後兩年裏，世彬兄的學術興趣已不再是宋詞，完全轉到中國音樂方面去了。他說過以後一輩子要「獻身」於中國音樂研究事業，於是着手盡量搜集海峽三岸出版的音樂書刊，好些還屬絕版刊物。他甚至千方百計託人在日本訂購研究所需的書籍。與此同時，他參加新亞國樂會，隨名師習藝，主要學古琴。國樂會導師有時講課，他總來聽講，靈動好問。國樂會成員之一的譚汝謙同學在一篇文章裏寫他這樣上王純先生的課：

在上課的時候，張君常常提出音樂問題，就教於王師。舉凡中國音樂理論的探討、古曲韻味的玩賞、乃至古曲之出處以及有關真偽的考辨等等，都在他們答問題材之列。

細味文中「探討」云云，「考辨」云云，再把我認識到的世彬兄性格配貼上去，課室內恐怕就不止於簡單的學生一問老師一答直線而下，還不妨考慮詞意同異相互往來的可能，從而見出他當時音樂知識水平的高度。

音樂知識水平的高度，還可以通過他當年撰曲一事補充了解。他能撰雅調，又會作流行曲調。前者像給晏殊〈木蘭花〉（燕鴻過後）配曲，後者像交通安全歌撰曲，就是例子。特別要指出的是：「馬路如虎口，當心勿亂走，安全第一命長久」這首交通安全歌，香港市民過去聽了以至唱了二三十年，可沒有幾個人知道其曲調出自新亞書院四年級學生張世彬之手。香港政府當年公開徵歌，最後

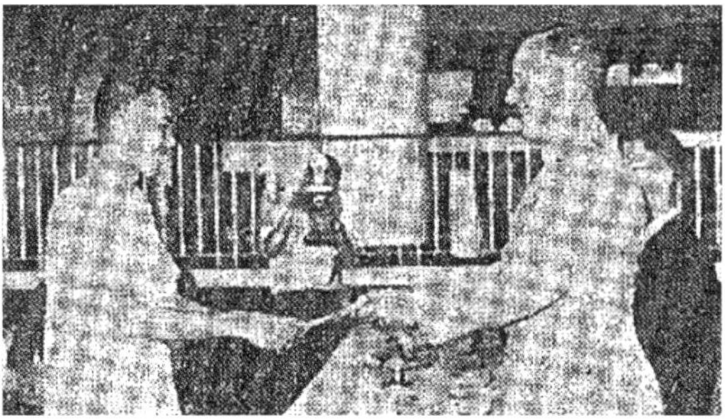
張世彬校友（左）的交通安全歌歌譜獲獎，由交通警司莫理遜（右）頒獎，載於一九六三年六月三十日《華僑日報》。

從許多參賽作品中選用了世彬兄的旋律，頒發三百元獎金。

中文大學畢業後，世彬兄考上日本政府留學獎學金，到日本京都大學進修。說是留學，不如說遊學更好。京大學位入學試規矩：考生事前繳交論文或讀書報告一篇，主試老師據此發問。世彬兄面試時，敢於表達自己的觀點，跟主試老師辯論問題，不因考試有所求而改易一向率直求真、不避相異的風格。最後他決定且作為京大研修生留下，不必非研讀學位不可；並以京大作據點，同時四處遊覽和問學訪友。他仍舊專注於中國音樂，極力搜求資料，拜會日本的中國音樂研究專家和藝人，參加大阪外國語大學的琴社。他琴藝高明，離社以後，社中日本人還不時提到他名字。這裏見出他一如既往，學藝兼顧。學藝兼顧的結果是學與藝互補而並通，益發強化中國傳統音樂研究的全面基礎。正因他深厚的素養，回港以後便進入中文大學音樂系，籌畫成立中國音樂資料館，及後主理館務。

一九七八年七八月間，一個可怕的消息在同學間散開：張世彬在大陸發病死了。消息不知從哪裏來，找不到發消息的第一人；事情經過到底怎樣，誰也說不清楚。我聽了消息，將信將疑。首先，大陸局面雖然有所寬鬆，但總體說來仍屬繃緊，他為甚麼北上？其次，他當時剛過四十歲，正值精壯之年，怎麼忽然得病死了？可是八月十九日崇基音樂系給他開追思會，好些同學參加了，這便明明白白證實了噩耗。即使這樣，後來還是有傳言：張世彬其實沒死，有人見過他在大陸現身，又有人見過他在香港旺角露面，總之紛紜莫辨；他去世一事竟然極具懸疑詭秘味道。不管怎樣，我們同學始終聯繫不上他了。陳志誠兄說世彬兄遊學期間，喜歡喝日本的養命酒；難道他早有自己生命短促的預感，希望設法延年？可是生生死死、死死生生，上蒼仍然是最後的操盤手。如果上蒼真個不許延年，那麼憑藉靈液妙釀，想要迴轉意旨，誰有這個能力？

四十一年後的今天，我為了給世彬兄寫文章，再行多方打聽他去世的事情，最後約略摸到這樣一條線索：一九七八年夏天，廣州有關部門致電香港中文大學，告知大學教員張世彬七月二十一日中暑（一說腦充血）逝世，遺體火化了。中文大學希望聯繫世彬兄家人，找到跟他同是元朗人又是大學同級同學的李校友，商請幫忙；李校友輾轉找到世彬兄的哥哥。音樂系追思會當日，他哥哥在場。可惜的是：大家不曾向他哥哥問及世彬兄北上原由以及其他問題，線索由此中斷，線上滿粘疑號。我當日只能這樣寬慰自己：世彬兄用過雲上人作筆名，龍在雲端，就當他是人中之龍好了；這條龍最後由地表衝上雲霄，遠引他去，再也不回來。

不錯，他是以雲上人作筆名寫散文集《幽玄之美與愛》，一九七三年本港大學生活出版社出版，收錄世彬兄在日本期間遊覽各地時寫湖山花樹諸般景物的散篇。書中更多寫花卉，而在芳馨幽恬氛圍之中，往往有純美清靈的少女飄然出現。他在〈自跋〉中明言愛日本的花草，也愛日本的少女；又說「人與花互相比擬」、「有時指人，有時指花」，希望讀者「看得出來」。說來慚愧，我反覆閱讀，始終沒辦法看出，只有這麼一種感覺：書中的真真，也許是他的風懷所寄，說真實存在也行，說不真實存在也可以，牽合析說不了。我有時反而會

《幽玄之美與愛》

《中國音樂史論述稿》

拿書名筆名牽合析說幾句。「幽玄」本來是個日本詞語，世彬兄借用過來，詞語好像有空靈淒美、妙深情趣的意蘊，一位日本通的朋友解說過的，我不敢說記得清楚。那是日本人的獨特美感的用語，日本文學中有幽玄一體。世彬兄鍾愛的是如此這般的美與愛，一般人哪裏能識解他獨特的情懷？至於雲上人，他高處雲層之上，雲層之下緇塵之中的擾擾世人哪能跟他合在一起？

世彬兄還有一種學術著作《中國音樂史論述稿》，一九七五年友聯出版社作為「友聯學術叢書」出版，當時他三十七歲。實際上本書一九七二年已完稿，他只有三十四歲。

我不解音樂，不敢隨便論議本書的學術水平。不過出版社既然接納作為該社學術叢書一種，自然經過專家審評。另外世彬兄在書前〈補記〉寫道：「埋首故書，潛心律呂，如是者凡十年乃成此稿。」著作態度慎重嚴謹可見。這麼說來，本書還是從深具學術價值這一方向下結論比較恰當。還可以這麼補充：中文大學音樂系給他開追思會，由饒宗頤教授主持；同年九月十日大學音樂系和香港市政局在大會堂劇院為他聯合舉行「張世彬紀念音樂會」；都是對他樂藝與學術成就的充分肯定。

世彬兄英年早逝，我們失去一位樂藝與學術仍有極大發揮和貢獻的人，固然十分惋惜。另一方面，世彬兄僅僅以四十年的生命，便在音樂領域得到人們的推崇紀念。即使前年二〇一七年，世彬兄離開我們三十九年之後，台灣、香港、大陸及韓國幾所大學及文化機構在台灣聯合舉辦的「『古琴、音樂美學與人文精神』跨領域、跨文化國際學術研討會」上，仍然有與會學者撰寫〈張世彬先生琴學初探〉的論文，見出世彬兄始終是備受重視的學術研究對象；這又幾人比得上？我們於此不妨稍稍紓懷。我感歎的是：世彬兄三十四歲完成學術論著，自己在他的年紀卻甚麼學術性文字都沒有寫，其實也寫不出來。面對故友遺作，兩相比對，欽佩之餘，不勝自愧。

附錄：翻譯、治學與創作——鄺健行教授訪談錄

文：董就雄

遂乘霄漢翼，直下海西湄——希臘遊學與希臘古籍中文翻譯

董就雄：鄺先生，十分高興能給您做訪問，這對我同時也是一個學習的機會。我想訪問從這裏開始：您是中國古典文學特別是唐代文學研究的知名學者；然而卻有一段不要說是古典文學研究者、就是其他絕大部分的學者都沒有的人生經歷。那就是：您在希臘學習了十年，最後還獲得了希臘雅典大學哲學博士。可是您回香港後一直在大學中文系教書，主要從事中國文學研究；在外國十年所學，好像

還不曾作充分發揮，未免是椿十分可惜的事情。很想聽聽您的說法。

鄺健行：你說我是知名學者，那是不敢當的。我只是一名追隨風氣之末，也做一點研究工作的人而已。談到希臘，我無疑在那兒學習過，可是沒有十年。我一九六三年九月由香港乘飛機到雅典，一九七一年秋冬間離開雅典，前後八年多一點。離開希臘，到美國作過短暫居留，一九七二年春夏間返香港，接着進入香港中文大學教書，二〇〇二年秋天在香港浸會大學中文系退休。

由最初入大學工作到現在，晃眼間過了四十年。有時回顧，確然泛起過絲絲惋惜和惆悵。我是廣東台山人，華僑世家，新亞書院大學本科畢業時，父母親都在美國。畢業後想法子到美國升學，該是比較順理成章的事，而且也不是不可

一句出鄺健行先生〈戲贈鄺健行先生三首〉其二。

能成功的事，可是我選擇希臘求學，心底真是帶點想頭。說是想頭，其實也不算什麼了不起。我不是想大大發揚希臘學，建立一代風氣；我只想切切實實做點翻譯希臘古籍工作，由希臘文到中文，給日後中國的希臘研究提供若干方便。我那時注意到希臘典籍翻譯成中文的，數量不多；其中不少還是從另一種譯文（如英文、法文）轉譯過來；所以希中翻譯工作的開展空間還是很大。這樣的「想頭」，很得到教過我「詩選」和「杜甫詩」的曾履川（克耑）先生認同。出發之前，曾先生特地寫了一篇〈送鄭健行游學希臘序〉相贈，文章後來收進曾先生的《頌橘廬文存》中。先生在文中拿義淨、玄奘相勉。我雖然不敢比擬古人，但是區區心意，畢竟存於方寸之間。可是四十年過去了，我做了什麼？其間雖然也譯了幾種書，可是遠遠配合不上讀了八年書之後應該做的工作。我既辜負了曾先生的期待和勉勵，也自感慚愧。

四十年來，由於在中文系教學，接觸中文典籍，自己是做了一些古典文學的研究。可是搞中國古典文學研究的人，海峽三岸無數，哪一個範圍學術界不去接觸探討？我參與不參與，無關整體大局。然而希臘典籍的中譯，從事者實在不多，有人參與，那怕是一個像我這樣水平不高的人參與，還是能起一定作用的。我相對地放棄希臘部分，轉向中國，更不容易做出成績來，更不容易談得上有什麼貢獻。然而時光不再倒流，年歲已大，有時只能惋惜無已了。

董就雄：您孜孜不倦探研中國古典文學的原因，有沒有曾經想過？

鄺健行：我再三反思，個人把大部分精力投在古典文學研究上，固然由於客觀環境使然。香港的大學沒有專授西方古典的學系，我回來香港，只有加入中文系。既然在中文系工作，不免要寫點有關中文的研究報告。說是應付考核的要求也好，說是表示在系中的教研成果也好，寫文章是不能避免的。這是一個原因，然而還有一個原因應該指出：個人的積習、早年種下對古典文學的癖好，同樣讓我對此「板塊」放不了手。一入其中探索，便覺醰醰有味；於是便給佔去不少時間了。

董就雄：鄭先生，您能給我們介紹一下您的譯作嗎？

鄭健行：可以的。至目前為止，我出版過四種古籍中譯：柏拉圖（Plato）的《蘇格拉底辯詞》（*Apology of Socrates*）、《克里頓》（*Crito*）、《波羅塔哥拉》（*Protagoras*）和克舍挪方的《追思錄》（*Xenophon: Memorabilia*）。前三種以《柏拉圖三書》的總名，一九八三年由香港學津書店出版；後一種一九八七年由香港中文大學出版社出版。後來中文大學又把版權給台灣聯經出版事業公司，在台灣印刷發行。

董就雄：四種書的內容大概怎樣？

《追思錄》

鄺健行：《蘇格拉底辯詞》記錄了蘇格拉底被三名雅典人控告，在法庭上幾次的申辯發言。《克里頓》記載了蘇格拉底被判罪成，在問死前兩天跟前來探監的老朋友克里頓的對話。《波羅塔哥拉》記錄了蘇格拉底在一名雅典富豪家中，跟當時赫赫有名的智士（Sophist）波羅塔哥拉和別的智士的討論過程；《追思錄》作者早年跟蘇格拉底有接觸，敬服蘇格拉底。蘇格拉底死後，憑藉記憶、他人的轉述以及若干傳聞，寫成一冊以記述蘇格拉底的言行和品性為主的作品。柏拉圖的三種作品，我開譯時已有中文譯本，不過當時覺得還是可以從希臘原文重譯。經典作品本來就可以有多種譯本並存的，柏拉圖作品的英譯便有多家。我國古代介紹佛經，也是不避重譯。至於《追思錄》，就個人所知，前此沒有中國學者翻譯過。

董就雄：您退休以後寫過一首詩，頷聯是：「晚景未參無住誦，遠文願出有生年。」從「遠文」句看，您好像計畫再搞翻譯了，是這樣嗎？

鄺健行：你看詩倒是仔細，不錯，那首詩好像是二〇〇六年在北京首都師範大學開唐代文學國際學術研討會時，我寫給會長傅璇琮先生的。意思是說自己年紀大了，此後再也不能參加這個研討會了，希望餘下的時光，做點翻譯工作打發。

董就雄：您的工作大計進行得怎樣？

鄺健行：也不是什麼大計畫，只是想把克舍挪方其他三種以蘇格拉底為主的書譯完，好完成一個系列罷了。他這三種書是：《蘇格拉底辯詞》（*Apology of Socrates*），《會飲篇》（*Symposium*）和《治家篇》（*Oeconomicus*）。這三種目下已基本譯完，需要稍作潤色，並加入必要的注釋。

董就雄：您為什麼選克舍挪方這四種書翻譯？

鄺健行：克舍挪方著作等身，我所以只選《追思錄》等四種翻譯，一則因為這四部書一向未有中譯本，值得介紹。再則這四種書都以蘇格拉底為主角，儘可以拿來和柏拉圖筆下的蘇格拉底作比對研究。我們知道，蘇格拉底沒有留下什麼文字著述。後人對這位賢哲的認識，主要憑藉柏拉圖的作品，其次是克舍挪方的作品。然而由於兩位作家的個人才性以及學問思想不同，筆下的蘇格拉底形象隨之而異。柏拉圖才氣縱橫、思力深邃，學術界一致認為：柏拉圖筆下的蘇格拉底超群邁眾，淵博睿智，那是在柏拉圖的才情推動下，混合了柏拉圖心目中的理想人格和柏拉圖本人哲學觀點的人物；所以整體形象偉大而光輝。至於克舍挪方，才氣遠比不上柏拉圖，創造力和思辯力也差些，於是在其筆下，蘇格拉底更像一位平實可接近的道德教師。凡作討論，比較偏於生活日用上的問題，不作高深的哲學上抽象思索。總的說來，蘇格拉底的形象未免平凡，不像人們心目中哲人的樣子。儘管我們講蘇格拉底，基本上都從柏拉圖的著作出發。然而克舍挪方既有不同角度層面的描述，對研究者畢竟提供了有用的參校資料。其實已有學者指出，以克舍挪方的才氣思力，要他把書中人物脫胎換骨，另呈新面目，恐怕不容易辦到。那麼他書中蘇格拉底的「歷史性真實」程度，也許要比柏拉圖作品中反映出來的，更為貼近可靠也不一定。

董就雄：說到克舍挪方，我注意到大陸通行譯作色諾芬。您譯本中的專有名詞音譯，是不是跟大陸的通行譯法有時不同？

鄺健行：有意思的問題。簡單的答覆是：不錯，我譯本中不少專有名詞音譯，跟大陸目前流行的譯法不同。

希臘文中的專名，像人名或地名之類，開始介紹過來時沒有統一的譯法，這是可以理解的。後來譯者逐漸有共識，然後有人編人名詞典之類，譯名逐步統一起來。上世紀八十年代初我譯《柏拉圖三書》時，海內外訊息交流不密，我還不知道大陸中文譯名的統一情況，所以自行譯出了。《追思錄》同樣沿着《柏拉圖三書》的譯法。我的原則是：一、依據現代希臘語音譯，像克舍挪方就是例子。名字第一個拉丁字母為「x」，現代希臘語發音成「ks」，所以 Xenophon 的 xe，便音譯為「克舍」了；二、已經習用的專名，即使不大符合現代希臘語發音，保留不變，像柏拉圖就是。柏拉圖一名，用拉丁字母照希臘字母轉寫，應該是 Platon，中文得音譯為柏拉頓才對，但學術界從英文 Plato 轉音為柏拉圖為時已久，而且流行公認，便不作改動；三、專名中最末一個字母「s」音本應音譯為「斯」，有時刪去，像波羅塔哥拉就是例子。全譯應作波羅塔哥拉斯，拉丁字母原來寫成 Protagoras 的「s」（斯）音在中文給刪掉了。這是仿照 Socrates 作蘇格拉底而不作蘇格拉底斯的辦法。

譯名的使用，講的是約定俗成，講的是流行公認。能為大多人接受的便不妨跟隨，不一定強辯誰對誰錯，我想有一天《柏拉圖三書》或《追思錄》在大陸出版，書中的專名中文譯法恐怕要改動從眾為是，最多附一個和我本來譯法的對照表。

董就雄：譯事講求信達雅。可見譯家在實際下筆時，應該有一些輕重取捨的分別。我們見到有些人主張直譯，有些人主張意譯，有些人寧信不雅，有些人寧雅棄達，種種方式不一而足，您在譯書時怎樣斟酌其間？

鄺健行：譯家譯出來的文字，要不背離原文的意思，要能夠把原文的意思表達明白，另外有可讀性；這原是翻譯應有之義。話雖如此，要把三者做得完滿，實在不容易。這主要由於原文和譯文所從出的語言，在結構方面、在表達方式方面，以至憑藉兩種語言文字記錄下來的文化傳統，往往有極大區別；要把一方在各個層面上完整而不變樣貌轉為另一方，幾乎沒有可能。希臘文和中文就是這樣。我不曾深究過翻譯學理論，翻譯時只是私下定了條準則，極力要求遵守不背離。一、最大程度上保留原文的意思；二、注意照顧原文的表現特色；三、譯文文字仍然符合漢語語法和中文行文方式，讓讀者看懂；四、明暢而有可讀性；五、第四點應在前面一二三點完成的基礎上面延展。很多時候我拿佛經開頭「如是我聞」四字跟朋友同學講。這四字最標準的漢語寫法，應該是「我聞如是」。可見像「這樣的事情我不能幹」之類受語置前的話，漢語也可以說的；所以「如是我聞」仍合中文行文方式。我們看梵文本：Evaṁ mayā śrutam 詞序是「如是」、「我」、「聞」。古代翻譯家這樣譯法，既不背離原意，又能照顧兩種文字的特點和可讀性。

舉一個希臘文翻譯例子：亞理斯多德《詩學》第一章開始時，亞氏概說全書將要談論什麼問題以後，接着說：「根據自然，從前頭中最先一點開始。」（直譯）這兩句的意思，用正常語言表達，就是：「我們會根據自然順序，從最先最先一點開始。」《詩學》中文譯本，起碼有七八種，各家譯法不同，試舉兩家談談：一、「現在就依自然的順序，先從首要的原理開頭。」（羅念生譯）二、「讓我們依照自然的次序，從頭開始。」（胡耀恆譯）。細看兩則譯文，羅譯的「原理」，原文沒有，譯文看來想把隱藏的意思揭出，但畢竟不盡合原意。胡譯「從頭」，似乎接近原意了，但原文中「最先最先」的強調之意，胡譯未能顯出。個人以為，原文兩句倘使譯成「依照自然次序，從前頭中最先一點開始。」也許算是較合信雅達的要求，雖然原文隱含「次序」之意，漢譯要明白寫出，才能成句。另外，拙譯《蘇格拉底辯詞》開始時有這樣一句：「話說得這般動人！」句子應該說明暢可讀。不過最近我再看希臘原文，準確的意思是「話說得這麼有說服力。」

後面一句似乎不及前面一句的簡潔明暢。前句儘管基本上清楚表達了原文的含意，可不是原文的表達方式。將來有機會改版時，要把後句改代前句才是。

董就雄：您去希臘求學的原因，上面提過一些，還有什麼可補充的嗎？另外，八年留學生活的感受怎樣？能不能向我們談一些？

鄺健行：新亞書院求學期間，經常聽到錢賓四、唐君毅等老師談中西文化交流，覺得很有意思，很有道理；再加上看了幾本跟中外文化交流有關的書，像慧皎的《高僧傳》、向達的《唐代長安與西域文明》之類；不期然興起到外面求學的心意。當時這麼想：念了中文系，算是接觸到一點中國文化了；要接觸西洋文化，不如到它的根源地走走。就是這樣子決定去希臘。其間實不曾作過思前想後通盤計算，一點理想、一點衝動，便決定了行程。

八年希臘生活，很值得記憶，很值得懷念。書雖然念得不怎樣好，可是歷覽希臘山川、接觸希臘人民、結交希臘朋友、讀希臘古今書籍，日子過得很愉快。

其他人在文章中有時提到的留學生苦況，我基本上是沒有的。二〇〇九年朱少璋君編成《曼殊外集》，交學苑出版社出版，我給他的書寫序，其中有這麼幾句：

拜輪所哀的國土，正是我上世紀六十年代度過將近十年美好時光的所在。詩中提及的摩羅東（即今馬拉松）和沙邏（即今色拉美），我幾番經過，悵惘生情。詩中提及女詩人奢浮（今譯薩福）的篇章和三百斯巴族（今譯斯巴達人）死守披麗谷（今譯德摩比利）的史實，我誦讀載籍，或悠然神往，或低徊悲慨。

這就是我的感受。我回港不久，一九七五年便譯成《希臘短篇小說集》出版。我不是抱着什麼介紹希臘近代文學作品的用心，我只是為了紀念剛過去不久的留學生活而做這件事，《前言》開始這麼寫：

離開希臘整整三年了。在那塊古老的土地上度過了一段悠長的但是值得回味的時光。我到過相當多地方，聽過不少故事，也接觸過好些人物；各式各樣的人物形象和習尚傳說，依然常常在我腦間浮現記起。我不否認，對於希臘，我有着至厚的溫情、至深的懷念。也就是在這種溫情和懷念的推動下，我才譯成這本書。

我不必隱瞞，這段文字是我真實的表白。

神女漢皋仍綽約，我來幽谷訪明璫[二]——中國古典文學

董就雄：您古典文學研究比較着力在哪些方面？

鄺健行：也說不上在哪方面，如果一定要說，寫杜甫詩和律賦的文章多些，八股

文也寫了三幾篇。

董就雄：您寫有關杜甫的文章最多，我約略統計，怕有十來二十篇。研究杜甫的人很多，您覺得有探索空間？

鄺健行：杜甫研究是顯學，專門學者無數。硬是走進去談問題，容易吃力不討好。我本無意寫杜甫的文章，只是幾十年來，許多時候給系裏指派開「杜甫詩」一科。為了教學，不能不多看些杜甫作品，也不能不把古今談杜甫的資料找來參考。久而久之，在閱讀原來作品和各種參考資料之餘，也會產生一點點個人的看法。也不知看法對不對，需寫成文字發表，好向高明請教。

董就雄：我瞭解您研究杜甫是有集中點的，能請您概括一下是哪幾方面嗎？

二　句出鄺健行先生〈讀《荊山玉屑》二首〉其二。

鄺健行：可以的，勉強說來，算是比較集中談杜詩吳體、杜詩考試和李白杜甫初次相遇時間三個問題。

董就雄：我知道您對這三個問題都有新意，甚至可以說推翻了學術界的主流觀點。請您先談談杜詩吳體問題。

鄺健行：我在一九八八年寫了一篇〈吳體源於民歌說新議〉發表。主要表達了我對郭紹虞先生認為吳體與吳地民歌有關這一說法的懷疑。郭先生是知名前輩學者，他的說法的影響力自然很大。郭先生說「吳體是民歌體的拗體」、「是拗體中不用古調而又接近民歌風格之拗體」。杜甫是把自己的〈愁〉詩看成吳體的，郭先生說〈愁〉詩具備了下列特點：七律、拗體，跟民間詩體特別是吳地民歌的音節接近。我在拙文中對郭先生的論證，表示了個人的看法。總的說來：吳體似乎不源於吳歌。

那麼，以〈愁〉詩為代表的吳體在體式和音節上到底是怎樣一回事呢？表面看來，〈愁〉詩和後來晚唐和宋代作家寫的吳體詩都是平仄不諧的七律，也可說是拗體。於是我便把注意力放在拗體和唐宋人寫的吳體的音節比對上，不久寫成〈論吳體和拗體的貼合程度〉一文發表。總的結論是：吳體和拗體在發音形式和上下句粘合的層面上，貼合程度很大，甚至看不出有疏隔的情形。表面看來，說吳體即拗體，實在並不為過。

可是，杜甫為什麼把〈愁〉詩稱作「吳體」，而不是「蜀體」或「魯體」等等呢？我始終對這問題思考着。郭紹虞先生讓吳歌牽涉，無疑對吳體一名的由來作出了說明的，只是郭先生的吳地民歌說未能完全說服我罷了。我後來又參考了一些資料，覺得唐代已經存在的「齊梁體」名稱及格式可以拿來說明吳體一名的由來。清人馮浩指出齊梁體為變古入律之漸，有律句，有古句；一章中上下不相粘綴。這樣的特點，也就是吳體的基本特點，而齊梁體流行之地在江左，即在吳地。我於是根據這樣的認識，又寫成〈吳體與齊梁體〉一文發表。

董就雄：近十年來，學界討論吳體的文章好像不少。

鄺健行：這表示，吳體仍有討論的空間。學術討論的過程，一般是愈來愈深邃精密，最後達至定論或更趨向定論的地步。我閱覽了一些近年的論文，對我早期提出的意見，有認同的，有不同意的，有補正的；我對各種批評意見都虛心聆聽，細意反思。不過也想提出一點希望：譬如說，有些學者對我把吳體及齊梁體一起討論，試圖探索其中的共同關係，不表同意。從學術爭鳴的角度而言，絕對可以和應該。不過我寫〈吳體與齊梁體〉一文，用意在探索「吳」字的根源。不同意拙文的人，在破之餘，如果能立——即說明吳體所以名為「吳」體之故，另標實質性的新意，那會更為完滿。

董就雄：請您再談談杜甫考試的問題。

鄺健行：這個問題是從玄宗開元年間，杜甫在洛陽福唐觀考進士試引發的。具體情況這樣：聞一多先生寫過〈少陵先生年譜會箋〉一文，在開元二十三年

（七三五）條下，引了一條前此好像未曾被人引用過、出自《太平廣記》的資料，證明是年朝廷在洛陽福唐觀考進士試。杜甫是年在福唐觀應考，然而不第。聞譜引證好像確鑿，於是廣為學術界肯定。我詳閱《太平廣記》所引資料，再配合其他史料核對，發覺開元二十三年在洛陽福唐觀的考試絕不可能為吏部進士試，充其量只能是河南府府試，便寫了〈唐代洛陽福唐觀作進士科試場新議〉的文章。文章的主要論點大概這樣：一、《太平廣記》文字記崔圓應制科後在試場拜武職，同時又在試場中考進士，同一年內無論如何辦不到；二、《太平廣記》明言崔言「於河南府充鄉貢進士」。既云「河南府」，則考試應屬府試；三、唐代進士試試場，通常都在皇城政府機關所在之處。福唐觀遠離皇城，與常制不合。這樣說，福唐觀既不是進士試考場，則杜甫在這裏考試云云，自然談不上。再說杜甫考進士試的年份，固然不少人主張在開元二十三年，其實定在開元二十四年（七三六）更為合適，我在稍後發表的論文〈杜甫貢舉考試問題的再審察、論析和推斷〉中論證過。

董就雄：能否稍稍談一下您具體的論證？

鄺健行：我從史料記載和對杜詩文意體會兩者切入。據史料，開元二十三年的知貢舉為孫逖。孫逖文才出眾，知人善鑒，甚負時譽。開元二十四年知貢舉為李昂。李昂為人，性剛急不容物。考試之前，已與到京待考的士子有過衝突。杜甫考不中進士。他如果在開元二十三年考，便是在孫逖手中下第；如果在開元二十四年考，便是在李昂手中下第。這是史料中的事實。我們再看杜甫在作品中自述：〈壯游〉：「忤下考功第。」「忤下考功第」的「忤」字，有「不合其意」之義。如果說自己考卷不合差勁的考官之意，因此考不中，這是給自己申辯開脫，還能自高聲價。如果說自己的考卷不合高明考官的心意，最終考不上，則不免益發顯示自己的不行。杜甫如果開元二十三年考試，追記這回事時，說給高明的孫逖貶退了，這對自己有什麼光彩？杜甫後來投詩給鮮于仲通，希望鮮于仲通援引，也提過自己考試不第事，所謂「不得同晁錯，吁嗟後郤先」。可是如果鮮于仲通讀到他自述考試失敗的句子，想起杜甫是在「精核進士」的孫逖手中被斥退的，那麼這個人還算什麼俊才可以提拔？只有杜甫在詩中提到的考官是個差勁的人，像李昂那樣，那麼愈說自己對考官不賣帳，考試結果愈倒霉，自己的聲價才愈高。如此配合推論，我產生這樣的意見：杜甫在開元二十四年考進士試的可能性遠大於開元二十三年。

董就雄：有關杜甫考試問題，您還有什麼不同的意見？

鄺健行：學術界多用聞一多先生的說法：杜甫在洛陽應進士試。其實杜甫在洛陽應試，清人也有這樣說的，像浦起龍就是。我如果對此有所不同，那是傾向像清人朱鶴齡的說法：杜甫在長安應進士試。因為定杜甫在長安考試，〈壯游〉中「忤下考功第，獨辭京尹堂」的「京尹」一詞，才好解釋，京尹即京兆尹簡稱，京兆一名，專指長安而言的。

董就雄：李白、杜甫兩位大詩人初會時間，您怎樣談這個問題？

鄺健行：李、杜兩人初次會面時間，有兩種主要見解。一是目前流行的見解：為天寶三四載間（七四四至七四五），一是宋人說法，為開元二十五年（七三七）。宋人黃鶴在《杜工部詩年譜》即持開元二十五年說。到了明末清初，錢謙益《錢注杜詩》卷十〈寄李十二白二十韻〉詩後〈箋曰〉改作天寶三四載，其說似乎有據，遂成今天的主流說法。我對李、杜初會年份，別無新意，只是傾向支持宋人舊說罷了。

董就雄：為什麼有這樣的傾向？

鄺健行：我讀了杜甫〈壯游〉、〈昔游〉、〈遣懷〉、〈贈高式顏〉和〈贈李白〉（二年客東都）等詩，仔細揣摩文字，分析詩意，覺得杜甫和李白、高適的初次交往，如果定在開元二十五六年間，詩中文字比較容易說得通，試舉一例說說，〈昔游〉末尾處云：「隔河憶長眺，青歲已摧頹。不及少年日，無復故人杯。」據《仇注》，這四句寫杜甫後來想起和高、李等人「晚登單父台」的感慨。詩中「青歲」、「不及」兩句，反映了杜甫登單父台時正值「青歲」、「少年」的日子。「青歲」，《仇注》曰：「猶云青年也。」然則一個人說自己「青歲」或「少年」，應該指三十歲以下。詩中用此二詞，可見杜甫和高適、李白初次同遊時，不過二十來歲。可見如果說李、杜要等到天寶三四載才相遇，杜甫此時已年過三十了，配合不了詩句。拙文〈杜甫、高適、李白梁宋之遊題於開元二十五六年說〉和〈《贈李白》（二年客東都）運意與作年詳議〉主要想證明李、杜二人只在開元年間而不是在天寶初相遇。

李、杜天寶初年初相會說源於《錢箋》，

《杜甫論議匯稿》

我不久前把《錢箋》仔細梳理一下，發覺議論好些處未見周詳，不無可議，因此《錢箋》的結論是否可靠，仍得斟酌。

董就雄：為什麼仍得斟酌？

鄺健行：試舉一點：《錢箋》說李、杜二人天寶三載三月後在洛陽相會。尋繹文意，似指是五月到八月間一段時期。那麼杜甫這段時期內活動怎樣？事有湊巧，杜甫〈唐故苑陽太君盧氏墓志〉，有詳盡記載，過程如下：

天寶三載五月五日，盧太君在陳留私第病逝。

同年八月十一日，靈柩啟程運偃師。

同年八月三十日在偃師下葬。

可以推想，從五月到八月，杜甫或在陳留、或在偃師，跟家中人辦理繼祖母盧氏喪事，而喪事前後一段時間，譬如說四月和九月，杜甫應該仍留在家中。陳留和偃師，根據史書，一距洛陽四百里，一距洛陽七十里。就是說四月至九月這段期間，杜甫不在洛陽活動，遇見李白的機會相對地降低。再說是年九月以後，杜甫有孝服在身，絕不能過着像《錢箋》所說初見李白時的「醉舞梁園夜」的生活，這就是《錢箋》議論欠周詳之處。我把類此的意見集中一下，也寫成文章發表了。

董就雄：您的文章涉及關於杜甫生平幾個重大問題的重新審視，不曉得學術界的反響怎樣？

鄺健行：暫時沒有見到。

董就雄：鄺先生，聽您講來，我忽生奇想。您論李、杜初遇時間的過程，好比打仗。首先攻打對方外圍據點，這等於您分析杜詩句意文意以及有關的資料，證明拿天寶初兩人初會的見解去講問題，不容易說得通。然後您再揮軍直攻主帥的堡壘，議論最初提出兩人天寶初相會的《錢箋》，指出其未周之處；從而終結了這一問題。

鄺健行：拿打仗來比擬學術研究，虧你有此「奇想」。不過有一點你要注意。直攻主帥堡壘而戰果不赫赫，則前此的戰果能否守住，也就不無問題了。

董就雄：律賦和八股文是您研究古典文學的另外兩個範圍，早在上世紀九十年代初，您便寫過〈律賦與八股文〉的文章。您是在風氣之前起步的。

鄺健行：〈律賦與八股文〉是我在一九九〇年參加山東大學主辦的「第一屆國際賦學研討會」時提交的文章。我寫這樣的題材，原因大抵這樣：第一、當時講辭賦，大家都集中在漢代，或者下涉魏晉。名家既多，要避免自己的作品相形見絀，只好另寫別樣範疇，容易藏拙；第二、過去一段相當長時期，有一種意識或見解，不管怎樣，對固有的某些文類文體，加一負面批評，不主張理會研究。在砍砍削削的風氣潮流之下，足供學術研究的文類文體日益稀少，直至到了所餘無幾的地步。律賦和八股文基本上屬於砍削之列的，因為二者都過分講究形式技巧，同時又是求取功名利祿的工具，文學價值偏低，不足注意。我身處海外，比較隨便；為了參加會議，便拿律賦及八股文寫文章了。當時學術研究活潑風氣已經開始，大會接納了我的論文。

董就雄：撇除參加會議的因素，從學術層面看，律賦值得研究嗎？

鄺健行：這是無庸置疑的，值得研究。最近二十年來，研究律賦的文章或專書紛出，已經說明問題。我想談幾點個人意見：一、律賦現存的篇章數目，佔中國歷代賦篇總數百分之八十以上；這是我在一次賦學研討會上，聽馬積高先生說的。我們要講賦，有什麼理由捨棄這百分之八十的作品不講；這樣中國賦史還能寫出來麼？二、過去人們多講漢賦，其次是漢魏六朝賦，但唐及以後的律賦講得相對地少，園地遠遠未全開墾，亟待我們後學動鋤翻土出力氣；三、律賦雖說是盛唐到北宋中期科舉考試的主要科目，其實它本身的存在，不是百分百跟科舉制度粘附不脫。文人寫律賦，也盡有擺脫科舉的因素，純然作為抒情表意的文學作品那樣創作，像寫律詩一樣；四、律賦本身有其獨特的藝術形式，即使用於考試，舉子能對其獨特藝術形式推陳出新，別開生面，已是文學創作上的成就。就是這樣，我認為律賦有研究價值。理清其發展緒脈，論析其藝術技法，瞭解其體式結構，討論其影響貢獻；凡此之類，都是不宜忽略的。

董就雄：我注意到您無論在個人的進退行徑、或是學術研究，往往另闢境地，不隨波逐流。有關律賦研究，您有什麼與人不同的集中點？

鄺健行：沒有什麼特殊之處。我只寫過幾篇律賦的論文，沒有律賦專書，論文談的問題也很分散。只因前此律賦的各方各面都很少人較為系統的討論過，而我的文章發表時間較早，所以所談各點，你說是新境地，是前時人所未道，都可以。如果一定要從拙文中提出一點什麼要說說的，我願意談談律賦體式，也就是律賦定義。這番意思，在若干篇拙文中或隱或現貫串着。

拙文〈唐代律賦與律〉及〈律賦論體〉闡述了個人意見。律賦之名，雖說到唐末五代才有；然而後世稱為律賦之所以為律賦的意念，唐人心中應該存有。律賦以「律」為名，可以先考慮唐人對「律」的看法。唐人說到作品之「律」時，往往跟音並提，而不是跟對偶或辭藻並提，所謂「聲律」、「律調」者是。我再進一步集中分析明清學者論律賦的文字資料，從而提出律賦特點有四：一、講究對偶；二、重視聲音諧協，避免病犯；三、限韻，以八韻為原則；四、句式以四六為主，包括駢列兩句對偶式和隔句四句對偶式。我還指出，四點之中，尤以二、四兩點最重要，也是聲律或律調的具體呈現。

研究某一種文體或文類，先行搞清該文體或文類的特點，當然是重要的事，我嘗試做了一些這方面的工作。稍後學者撰文時，也有人肯定鄙見有其合理的地方。不過觀點各人不同，學術研究百花齊放，也有不以鄙見為然的。肯定我觀點的不要談，我只想談不以我的說法為然的觀點。

這種觀點主要大概這樣：限韻才是律賦的硬標準，其他偶麗、藻飾之類都是次要的。律賦就是駢賦。這就是說，律賦基本上是加上限韻一項條件的駢賦。

這種見解我還是仔細考慮過的，覺得還是有值得商榷的地方。首先，在這樣的規定下，律賦的「律」字沒有落腳點；第二、一篇本來有限韻的律賦，寫作時人們都知道；後來限韻字失載了，後人對到底原來有沒有限韻也不清楚了；這篇賦從後代的標準看，則不能算是律賦了。這恰當嗎？第三、駢賦體式和律賦實有不同。白居易〈賦賦〉中提到的賦，指考試律賦言，其特點是「諧四聲，祛八病」。南朝的駢賦即使講四聲八病（「八病」一名南朝有沒有，暫且不論），也是粗而不精，斷不能達到如唐賦中那樣的聲音諧協，病犯避免的地步。南朝賦篇俱在，儘可拿來察讀。再說四六隔句對偶，南朝賦篇用得不多，其上下句上下聯間的平仄粘綴，也不及唐賦用得多、用得準確精審。瞭解聲音之道的人，很容易便能判出駢賦和律賦之別的。講到這裏，我忽然想到一回事，可以一提。三兩年前，一位學者寫了一冊論律賦的專著，他是主張限韻是律賦的根本特徵的，書中當然也談到聲律，好像還不算中的。書末作者有感，成律賦一篇。仔細誦讀，句聯之間的聲調病犯處理，頗有可議。這恐怕跟研究時不太重律以致未能完全掌握有關。

董就雄：您有一本論文集，取名《考試文體論稿：律賦與八股文》。您參加第一屆賦學研討會，提交的論文叫〈律賦與八股文〉，可見一開始您便對律賦和八股文同等重視，進行研究。

鄺健行：我早在提交賦學研討會論文之前，便想讀點八股文、瞭解一下八股文的體貌。那個時候學者們也許還有點顧忌，不曾涉獵或者研究這方面。我收集過或影印過好些八股文文集像《艾千子先生全稿》和《相城方氏時文全稿》之類，也找到了一些塾課和路德講析時文的著作，稍稍研習揣摩。不過現在可以說，我對八股文實在不曾深入，沒有寫過可取的文章。這主要是我的學術興趣太泛濫，又是希臘翻譯，又是杜甫詩，又是律賦，又是下面會談及的中韓詩話，甚至連當世流行的武俠小說也不放過。用廣東俗語說，叫做「瓣數太多」。以我這樣才質的人，哪裏全面照顧得住？到頭來每一瓣只嚐了一下，沒有仔細咀嚼，味道品不出來，更講不出來。而對八股文之「嚐」更淺。

董就雄：辛亥革命以來，八股文整體基本上給否定了。其實就在前代，學者評論八股文的負面意見已不少；您為什麼對這一範疇還有研究興趣？是不是認為八股文還有價值？

鄺健行：我想這麼說：八股文在過去一個世紀，除了極少數人外，大多數人因為它是負面的東西，不理會不翻閱不研究了。這是客觀事實。另外，八股文在明清兩代，是每個讀書人不能擺脫的東西。中舉得早的，也許可以早些甩脫它；中舉得晚或始終沒有中舉的，便得晚些甩脫它或一輩子跟它相依為命；這又是客觀事實。現在的問題是：一件即使是絕對要不得的東西，可是在過去的時候跟每個人生命十分緊密聯繫起來；即使是絕對要不得，是不是也要瞭解一下？是不是置之不理便算？我傾向前面的態度。不妨再想下去：舊時代讀書人自童蒙便學習八股文，以後研習不斷，這種文體的方方面面，如寫作時的思維方式、技巧運用之類，會不會深入肌髓？恐怕會的。而當讀書人改寫其他文類文體時，原來深入肌髓的東西會不會影響到他後來其他的寫作文體文類？好像清人方苞的古文，當時王若霖指說是「以時文為古文」。這句話意思可能是：方苞寫古文時，會有意無意間以八股文寫作方式寫出來。研究古文是文學史家的正途，可是碰到「以時文為古文」這句話時，研究古文的人不瞭解八股文，哪會研究出道理來麼？我們其實還可以說下去：從文章的內容或技巧言，八股文當中也有好的。一概貶斥否定，似乎不盡公允。總的說來，我認為八股文有研究價值。最近十來年研究八股文的論著漸漸多起來了，這說明人們對這種文體開始重視。

董就雄：不錯，過去一些文學史，常常指出八股文對什麼文風或文體造成壞影響。作者作出這樣的結論時，顯然是他們在瞭解八股文的基礎下才說出的。然則八股文對學術研究有幫助，即此可以證明。

鄺健行：講得對。不過有一點也得注意：有時人們執定了全盤否定八股文的宗旨，只要有需要列舉負面因素的地方，便把八股文當作其中一項任意加插進去，也不管實際情形怎樣。

董就雄：有沒有具體例子？

鄺健行：游國恩等各位先生編的文學史，認為明代前七子有一項目標，要衝破八股文和台閣體文風的統治地位。前七子要衝破三楊一派詩文靡弱平庸的文風，自是事實。可是前七子要衝破八股文的統治地位，他們想衝破什麼呢？前七子之首的李夢陽、何景明集子中，全沒有

《科舉考試文體論稿——律賦與八股文》

反對或非議八股文的文字。再說八股文只在科舉文體中佔統治地位，不在以詩文為主的文壇中佔統治地位。前七子要改革詩文，跟八股文無關，無所謂「衝破」。八股文在前七子時或以後，始終為考試文體；前七子既未加非議，也無所謂「衝破」。

箕書能錯玉，周雅或求珍[三]——韓國朝鮮時期詩話以及中朝詩歌交流

董就雄：現在域外詩話是熱門研究方向，而您在上世紀九十年代初就開始從事這方面的研究，在什麼因緣下，您開始從事韓國詩話的研究？

三　句出鄺健行先生〈韓國東方詩話學術研討會會期紀事〉。

鄺健行：說到研究韓國詩話的因緣，我想說兩點。一九九二年我在香港中文大學中文系任教時，校方有一個計畫，就是可以資助老師在暑假到外地作學術訪問研究。我當時想去日本和韓國，瞭解兩個國家的詩話，於是就擬定好計畫書，申請到漢城大學（即今日首爾大學）和日本京都大學訪問。在漢城大學訪問期間，聽說大田市忠南大學趙鍾業先生編了《韓國詩話叢編》，於是又到忠南大學拜訪趙先生。接着又到了日本，在圖書館複印一部分資料。經過了對兩國漢文詩話資料的瞭解，對韓國詩話產生了興趣，加上當時研究日本詩話的人好像多些，我以後的研究就主要集中在韓國詩話而較少關注日本詩話了。

另一個重要的因緣是，趙鍾業先生稍後在韓國召開詩話學術研討會，並建議成立東方詩話學會，一九九六年落實了。我被選為理事。第一屆一九九九年東方詩話學術研討會在韓國召開，第二屆二〇一一年在香港浸會大學召開，最近一次又在香港大學召開。基於與東方詩話學會的關係，我對這範疇就更加關注了。

董就雄：我知道您在二〇〇二年主編了《韓國詩話中論中國詩資料選粹》，由中華書局在內地和香港同步出版，這是韓國詩話整理和研究的領先之作，為香港、內地、韓國等研究者提供珍貴的資料和帶來極大的方便，引起很好的迴響。您能簡介一下嗎？

鄺健行：可以，這年份還應推得更早一些，在一九九五年，我轉職到浸會大學中文系，向香港大學資助委員會申請了一個研究基金，課題是「韓國歷代詩話中論述中國詩歌有關資料的輯錄和整理」。課題的重心是嘗試把歷代韓國人談論中國詩歌的資料集中起來，初步整理後介紹給學術界。我們利用韓國大田市國立忠南大學趙鍾業先生編纂的《修正增補韓國詩話叢編》選輯資料。《叢編》共十七卷（即十七冊），全書收著作一百二十九種，其中有十五種有目無書，另當中兩種用新韓文寫成。此外還有四種是中國人作品，不入韓人論中國詩範圍，不在選輯之列。所以可供採用的實有一百〇八種，當中也不是每種都討論到中國詩歌；即使討論到，也不見得資料必定可用。到了最後，我們實際選用了七十七種著作中的資料，輯錄、標點、打印，編成七冊，約五十來萬字。我們看來，韓國詩話中論述中國詩歌學術價值較高的相當部分資料，大抵都包括了。以上資料再作篩選，二〇〇二年出版成《韓國詩話中論中國詩資料選粹》。

董就雄：這些詩話資料選輯中，您關注的重點是什麼？

鄺健行：關注的是看看韓國詩話資料中，有哪些對中國詩歌研究有幫助的，我們便輯下來。譬如上世紀初佚名的《東詩叢話》，書中對王士禛的評論既多，又見可取。我們便把資料輯錄下來了。

董就雄：看來研究韓國詩話的價值甚大，您能再略舉幾項嗎？

鄺健行：我想這些價值可歸納為三個方面：第一方面是論詩的價值。韓國歷代不少學者學養豐碩，詩學湛深，談論詩歌問題時，往往能提出獨特而可取的見解。

這些見解或者中國學者從未提及；或者即使提及，也在韓人之後，可能又不如韓人的清晰完整。他們獨特而可取的見解，對我們研究有極為重要的參考價值。所謂「論詩」，不妨從廣義的角度看，可以是總說，可以是注解，可以是辯正，可以是論析，可以是評賞及其他種種。第二方面是輯佚的價值。唐宋及以後，中韓人士交往愈來愈頻繁。兩國人士在對方的國土長期或短暫居留，為數不少。著作之士客居期間寫下的文字，由於種種原因，回國時未必準備全部帶回，也未必能全部帶回。留在異域的，從後世本國人看來，便成佚著了。或者即使帶回本國，卻因本國社會或個人情況的變動，還是全部或部分不傳，反而留在異域的完好無缺；於是又成為佚著了。我們整理韓國詩話，詩話只屬韓國文籍中一個小範疇，可是我們已經發現為數相當可觀的中國人撰著的文字冊籍，為中土所未見。散佚在韓國的中國文字冊籍，無疑需要輯錄整理，介紹回去。從這個層面說，韓國詩話的輯佚價值，便顯得重大了。第三方面是校勘的價值。韓國詩話中大量引錄中

《朝鮮人著作兩種——乾淨衕筆談、清脾錄》

國典籍篇章，文字和中國通行本有時不同。可想而知，這便具有校勘的價值。當然，韓人引錄的文字，因為誤記或誤書，明顯錯誤的很不少。不過一部分確實需要仔細比勘，不宜輕率下判斷；能起補足說明甚或改正作用的資料，數量也相當可觀。

董就雄：上海古籍出版社最近出版了由您點校的《朝鮮人著作兩種——乾淨衕筆談、清脾錄》，您為什麼選此兩種作點校？

鄺健行：《乾淨衕筆談》是一冊對話錄，編著者為朝鮮人洪大容。成書於乾隆三十一年（一七六五）五六月間。洪氏和友人金在行於乾隆三十一年二月，在北京和三名由杭州來北京應進士試的舉子見面筆談了六七次。洪氏回朝鮮後，整理談話紙片，另加追憶，編成此書，全書在十萬字上下。如此長篇對話錄，較為少見。再則內容多樣，談學問，談風俗，談歷史，不一而足。而且相當深入，我習慣了希臘書的對話形式，一見中朝間也有同樣體裁的書，不覺大感興趣。至於《清脾錄》，則是朝鮮人李德懋於乾隆四十二年（一七七七）或稍前寫成的詩話。李德懋次年帶來中國，給中國文士看。此書後來還被李調元輯入所編叢書《續函海》中，由於兩書都跟中朝之間文士交流有關；而考證之後，還看到《清脾錄》的成書和傳播，受到《乾淨衕筆談》影響，所以拿來校點，合併出版。

還需要稍作補充：《續函海》中的《清脾錄》，篇幅遠少於原作，文字也非常不同，顯然李調元作過改動。我把中土本《清脾錄》一起付印，用意在方便學術界集中資料作研究，這也是我點校二書出版的原因。

結社生員訪，忘年日夕扶[四]——組織詩社

董就雄：我知道您除學術研究外，平時也喜歡創作古典詩歌，九年前您組織了一個以香港浸會大學為基地的古典詩社「璞社」，能談談組織詩社的初衷嗎？

鄺健行：可以的。認真來說，璞社的成立並不是我先組織的，而是由一批同學主動發起的。二〇〇二年上學期，我在浸大中文系開「韻文習作」課，有十五位同學修讀。課程完畢後不久，幾位修此課的同學來找我，建議組織詩社，定期聚會、創作，我非常欣慰，一口答應了。後來又為詩社取名為「璞」，取意是諸生有美質如璞玉，倘能加以琢磨，定必精光自映。

董就雄：能介紹一下璞社的聚會形式嗎？

鄺健行：璞社是古典詩社，每月聚會一次，預先為下次設定題目寫詩，師友們在限期

前將詩稿以電郵寄給璞社秘書，然後在浸會中文系會議室聚會。每次聚會都安排一個主持人，主持人在詩聚後還要為該次詩課評點。在評點之前，主持人會給詩友一個星期時間修改，主持人就根據詩友寄回的改本點評。點評後的詩課會寄給所有詩社成員，讓他們作參考、改進之用。我們還會將詩課定本張貼在中文系的壁報板上。

董就雄：璞社有多少成員？

鄺健行：璞社是個鬆散組織，社員自由來來去去，準確成員沒法統計，九年下來，總有一百幾十人吧。現在固定下來的有六位老師及資深導師，和十多位年輕成員。可以說，不以利益而聚會寫詩，上接古人風雅，能延續九年這麼長，已算十分難得了。我們有時也會請到浸大訪問的教授來璞社出席及點評詩課，如首都師範大

四　句出鄺健行先生〈璞社雅集五十會三首〉其一。

學的鄧小軍教授、南京大學的程章燦教授等。

董就雄：我知道九年來，璞社成就斐然，有不少出版物面世，能簡介一下嗎？

鄺健行：九年中，我們每兩年會出版一本詩集，名《荊山玉屑》，將詩友和老師兩年來的詩課選錄出版，現已出版了三編。還印行了十來二十本單行本小冊子詩集，都是有主題的，例如《延邊集》是幾位老師和資深導師到東北延吉開會後寫成的詩稿結集。我還選編了一本璞社老師和資深導師點評的詩課集《剖璞浮光集》，因為我覺得老師和導師們的評語十分認真，見解獨到，對同學以至有興趣寫詩的年輕人提升詩藝很有幫助。

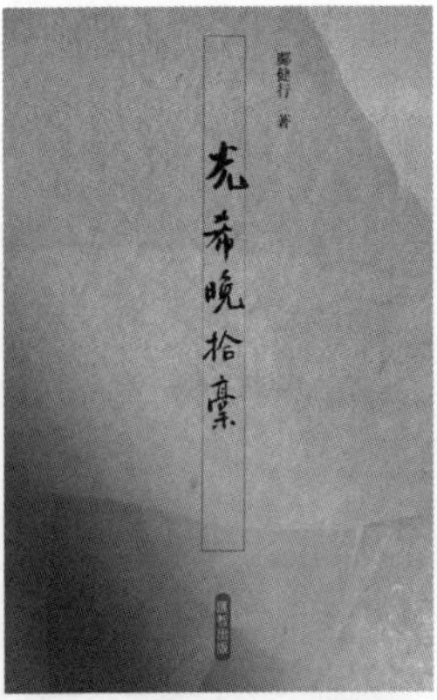

《光希晚拾稿》

董就雄： 璞社聚會了九年，按聚會次數而言，已踏入了第一百次聚會，您能對社員的創作水平回顧和展望一下嗎？

鄺健行： 回顧過去，我有兩種感覺：第一，璞社創作風氣比較開放。我們作為老師，不會將意見強加於人，同學喜歡學李賀，學李白、杜甫，或奇麗、或浪漫、或沉鬱，都可以走自己的路；第二，從藝術尺度看，社友們所作的詩，有時也很有特點，未必比其他地方的同齡人為遜色。

董就雄： 您說過您是跟隨曾克耑先生學詩的，能介紹一下他的師承，以及他是怎麼教您寫詩的嗎？

鄺健行： 好的。曾先生工詩古文辭，年青時在北京隨吳闓生（北江）先生受業，北江先生為清末桐城古文家吳汝綸（摯父）兒子。曾先生早享名聲，錢基博著的《中國現代文學史》已提到曾先生，他那時還很年輕。他教我們「詩選」課，最強調作詩和改詩。而且他定的題目是傳統與現代兼備的，既有傳統的〈述志〉、

〈春雨〉等題目，也會叫我們寫〈原子彈〉、〈潛水艇〉和〈暖水壺〉等。曾先生自己論詩雖最推杜甫，但他有個好處，就是讓學生有自由，有時同學喜歡寫六朝體，他也容許。我年輕時喜歡李賀，曾先生也不加阻止。有一次我寫〈梅窩紀遊〉，曾先生說雜用李賀孟郊體，有點樣子，拿詩稿給當時的詩家看，頗致推揚，這裏還得補充說明：曾先生說我雜用李賀孟郊體，其實我誤打誤撞而成，不是真個對李賀孟郊詩深探有得，有意融合的。

董就雄：您對寫詩有什麼主張？

鄺健行：我總覺得寫詩不要寫得太舊，要有生活氣息，不要動不動就用「挑燈」、「折柳」、「更漏」等陳腐字眼，要寫現代的東西。當然，太新的名詞寫入古典詩中是否那麼和諧，我們還要深入研究，但新詞入詩是一個重要路向。正如曾先生曾說過，在清末時，陳三立寫詩也用了很多新名詞。

董就雄：寫詩對學術研究有否影響？有人說寫詩會干擾學術研究，您怎麼看？

鄺健行：應該只有幫助而不會干擾，能寫詩的人，對詩體本身的特點像平仄對偶修辭之類，一定會有相當程度的認識和體會。這樣的認識和體會移用於詩歌研究上，往往能發揮積極作用。譬如要講一首詩的具體藝術手法，講者既可運用理性的評論知識，又可結合平日寫詩實踐後的藝術觸覺，更容易講得到位。當然，不懂寫詩不會影響研究，但懂寫詩可能多一種研究方向，何樂而不為？

寄取人文館外望，山花紅紫海天涼[五]——新亞追記

董就雄：您從希臘回港後到今天種種，上面請教了不少。現在想把時光拉回去，

五　句出鄺健行先生〈絕句三首贈新亞中文系應屆畢業同學〉其一。

請您談談在新亞書院念書的事情。您在上世紀五八至六二年，就讀新亞書院中文系。據我所知，當時像錢穆、唐君毅等大師級學者都在新亞任教，您上過他們的課沒有？當時學校的情況怎樣？

鄺健行：新亞書院當時規模小，學生也不過四五百人（也許三四百人）左右，然而確是名師雲集。你剛才提到錢先生，那時他基本上已不在大學部開課了，只在研究所講課。不過我還是有機會聽過他講的半學年「中國文學史」。二年級時，學校本來已請了台灣第一位博士羅錦堂先生來香港教中國文學史，羅先生因事晚來，錢先生便代了一學期課。至於唐先生，我修讀過他的「中國哲學史」。唐先生胖胖身型，邊擦汗邊寫黑板，認真而誠懇講課的情況，我永遠忘不了。

中文系課程中，大一大二國文由黃華表先生教，「詩選」和「杜甫詩」由曾克耑先生教，「文字學」、「聲韻學」、「文心雕龍」由潘重規先生教。外系課程，我除了選讀了唐先生的課外，還修過陳伯莊先生的「社會學」，牟潤孫先生的「魏晉南北朝史」和「中國經學史」。以上幾位老師，或是文壇名家，或是學界知名學者。我能聆聽他們講課，機緣不易。

董就雄：這些先生講課有什麼特點？

鄺健行：不能都詳細說了，就以牟先生曾先生為例吧。牟先生每次上課總抱着一大堆書到課堂，講課時翻書把原始資料抄在黑板，然後排比論析，得出結論。他再三提命我們：寫文章要言必有據；要仔細尋繹分析資料文字，往往會推陳出新的。至於曾先生，他是詩家文家，和悅不拘謹。他教「詩選」，最重視習作。往往上課之初，便在黑板寫下題目，之後下去學校餐廳飲茶喝咖啡，到兩節快完畢了，便上來收卷。他這樣上課，現在要給學生批評的。當時我們倒不覺得有什麼不可以。而且曾先生下課以後真的用心給我們批改。大家都覺得他作的改動，就是點鐵成金。

董就雄：當時書院的整體風氣怎樣？

鄺健行：毋庸諱言，新亞書院是一九四九年以後，由大陸南下的教授們創辦的大專院校。他們對時局世變，自有看法。就我個人瞭解，錢、唐諸師和其他人十分強調中國傳統文化。認為中國傳統文化被忽視了，被拋棄了，要極力提倡恢復，這樣中國才能站起來。我當時只是學生，懂不了大道理。不過就是從香港一隅觀察，中國文化包括傳統文化大受鄙視，心中很不舒服。更有一些人在輕視中國文化之餘，一味唯洋是尚，到了像牟宗三先生後來所說的「自賤」地步，心裏更是難受。我那時是認同提倡中國傳統文化之說的。我同時也瞭解，諸師講中國文化，不是一味抱殘守闕，食古不化；而是主張不妨適度吸收他人之長，會通中外，所以他們常說要中西文化交流。這種論調，對我影響很大。我寫過一首五律，題目是〈沙田新亞書院山頭望海〉，中聯四句是：「綽約西家子，晶瑩東國珍。春風誰振鐸，海嶠獨傳薪。」寫的是諸師倡東西文化交流、海外辦學的意思。詩是一九七幾年寫的。這時新亞書院已是香港中文大學成員書院之一，校舍廣美觀了，人文館面海矗立；然而上面諸位老師或者離校、或者離世，早期的書院精神稍見渙散了。我一時有感，便寫下詩篇。

董就雄：真是好詩！多謝鄺先生您接受訪問。

鄺健行：謝謝《文藝研究》的採訪，也謝謝你。

新亞

錢穆

新亞校歌

山巖巖，海深深，地博厚，天高明，人之尊，心之靈

師長編

記曾克耑先生

我是在一九五八年八月間考進新書院中文系的。雖說在中文系，一年級時修習的科目是「大一國文」、「大一英文」、「中國通史」、「理則學」（即「邏輯」）、「社會學」和「心理學」，跟本科的關係不大，課程很有通識的味道。大一國文為各系所必修，也不算系內專設的學科。專設的學科要到二年級才有，「詩選」是其中之一，任教老師是曾克耑先生。

我認識曾先生，便是在二年級修「詩選」科的時候。曾先生是個怎樣的人，在此之前我一無所知。現在彷彿記得；第一回上課時，門外進來一位身體胖胖，臉孔帶圓而架上眼鏡的老師，樣貌並不威嚴。他進來後，告訴我們購買高步瀛選注的《唐宋詩舉要》，日後用作課本；接着出了一道詩題〈述懷〉，吩咐大家作一首五古，下回上課交卷。這節課究竟怎麼過的，曾先生有沒有講詩，有沒有講作詩方法，還是交代了工作便逕直下課，我統統記不起，因為我對曾先生出詩題之舉大感意外——這麼快便寫詩了！同時也大感興味。於是腦子裏面開始團團轉，像是構思，又像是回想，總之心不在焉，曾先生以後即使再講過甚麼話，我肯定全沒聽進耳朵去。

我不怎麼怕作詩，因為我算有過一點兒「作詩經驗」。高中在澳門唸書時，功課壓力不大，生活也寧靜單調。有一年暑假（大概是升高中二之前），我悶極無聊，找到一本杜甫詩選集，便一首一首的背下去打發日子。整個暑假下來，長長短短合計，背了六七十首左右。開學後國文老師出了一道叫〈路環遊記〉的作文題目，我便模倣讀過的篇章，在文後附了一首幾十句的自認為是七古的〈路環石碑歌〉，發文時居然頗獲老師的稱許。

這就是我的「作詩經驗」。曾先生的題目，重新引起我創作的興趣。回家以後，即晚寫成一篇。大約兩個星期後，習作發回來了。曾先生在堂上對我的和其他幾位同學的詩，頗稱說了幾句，還叫我們幾個把自己的作品抄在黑板上，讓大家觀摩。我記得曾先生給我那一首的評語是「詞句雅飾，志氣昂揚」。實在說來，那首詩配不上這樣的評語。大概因為初作，居然能夠成篇，畢竟難能可貴，曾先生便說得鬆一點，好激勵我的上進心吧。從以後的許多事情都能看出：我們只要有一點點可取之處，曾先生總會給我們大大稱讚，廣為宣揚的。

曾先生因為我們會做詩，很是高興。當時三四年級的同學中，像李超文、陳紹棠、曾省、司徒天正等許多位，在他的教導下，都表現出很好的成績。他常常在上課時介紹他們，拿他們作榜樣向我們勉勵，我猜在別的班級上，他也會提到我們這一班「新秀」的。曾先生開始讓我們作詩時，有沒有講解過平仄體式、韻腳通轉之類的基本知識，我全記不清。我想就是有，也不會比現在我所認識的老師講解得更詳盡更清晰。我有這麼一個印象：班裏的同學在修習這一科前，好像已或多或少懂得作詩的規矩；我從來沒聽說過像聲調用韻格式之類會成為困擾的問題。曾先生叫我們寫古詩，我們便寫古詩；要我們寫近體，我們照辦。大家切望領回習作，不是想看他改正了哪兒的平仄韻腳，而是想看看他怎樣改字改詞，使得詩意更好、詩境更美。

上課的時候，他走到教桌前面，照例拿下眼鏡，身體半俯靠着桌子，開始講解，有時也寫寫黑板。他的講授法好像不那麼「現代化」。就是說，很少就作者生平、歷史背景、社會意義、思想意識等等作極其系統的說明。拿着一首半首短短的作品，從外面反覆講上一兩個鏡頭，他好像沒有試過。他主要根據高步瀛引用的評語講授，間中提出一兩點個人的看法。他一向要言不煩，聽者要細心傾聽才行；這樣便不時會有意想不到的收穫。梁巨鴻同學對我說過：有一回他問曾先生怎樣看黃仲則的詩，曾先生停了一會，吐出一個字：「輕」；又停了一會，吐出另一個字：「清」。這便是意見的全部，可沒有論文式的鋪展和分析。巨鴻兄也許忘了這回事，但他的轉述很能表現出老輩指示方式的特點，我聽後印象很深，一直留在腦子裏。

曾先生最重寫詩，有時出題目家裏做，有時要堂上作好。碰到堂上作詩，他進來出了題目後，便離開課室，到學校餐廳喝咖啡去，下課前一兩分鐘，再慢慢進來收卷。他時間拿捏得很準，絕不會過早。收卷之後，又拿下眼鏡，身體半俯靠着桌子，一頁一頁稿紙的翻。有時翻得很快，想是上面的作品比較普通；有時會頓一頓，看了又看，那大概是作品還有意思，或者有某些缺點；總要看完了才下課。上課時不見人而喝咖啡去，有些人也許看得十分嚴重，當時年青的我們倒沒有甚麼不滿。大家埋首苦思，他留不留在課室裏有甚麼關係？曾先生是個脫略小節的人，行止稍稍不同而實際上於事無損，未嘗不可；我反而覺得他這樣做，大有藝術氣味，可以欣賞。

曾先生對我有印象，認為我還算可教，大抵是在讀了我的〈梅窩紀遊〉一詩以後。二年級下學期清明節前一天，新亞全校師生到梅窩旅行，回來後曾先生以〈梅窩紀遊〉為題，要全級同學寫詩，我交上去的是：

天地含冥晦，觸目翻百憂。暗濤掀海動，壓溪竹霧愁。陰谷凝靜綠，紅冷春心休。崔巍峰巒隱，頹雲重不流。撥煙履驚石，險仄啼猿猴。俯視但茫茫，無處辨神州。何當滌蒼穹，羲和莫可求。孤鳥傍歸棹，啾啾無所投。

堂上發回習作時，可沒有發給我。曾先生沒有解釋甚麼，只告訴我下課後留步。我心中疑惑不定，好不容易待到下課，曾先生招我過去，說我的詩寫得不錯，以後多努力下工夫，一定會有成就；又說詩卷過幾天發還。我唯唯而退，心裏不無激動。過得兩三個星期，我領回詩卷，稿紙既皺且髒，好像經過了不少人手的樣子。後來有人告訴我，事實正是這樣。曾先生認為我的詩不錯，拿去給吳士選副校長和許多詩界名宿看，大力替我揄揚。曾先生是著名的詩人，話很有分量，吳副校長和一些前輩對我還有點印象，跟曾先生的揄揚關係很大。

再說〈梅窩紀遊〉這首詩。我接過稿紙，見到一些句子旁邊點上紅點，表示佳妙可取；詩後有幾句評語。原來的稿紙早已遺失，但曾先生的評語我一直牢牢記住。他這樣寫：「雜有康樂貞曜體，濡古甚深，近日目中可見，無此作也。」這番意見又略見於後來編印的《新亞心聲》第一集的「例言」中，他在「例言」中指出我的〈梅窩紀遊〉能學大謝，聲色逼肖。我很慚愧，有關這首詩寫作過程中的一些問題，曾先生生前我始終不曾向他吐露和請教，時至今天，我想還是講出來好。曾先生說我雜用謝靈運孟郊二家風格，其實高估了我。當時我看過謝孟二家的詩，加起來恐怕不到十首，二家面貌根本未摸清，哪裏談得上「雜用」？

我那時的肚子裏，大概有一百數十首人所習見的杜詩，還有二三十首李賀詩，另外加上看過李賀全集一遍的基礎。我開始喜歡上李賀詩，是在唸高中三的時候。那時買了一些中國文學史之類的書看，書中介紹李賀時，總會引錄他的一些作品為例說明。李賀詩的詞藻、意境和氣氛立刻吸引住我。一九五九年初，內地中華書局印行《三家評註李長吉歌詩》，我買了一冊，由頭到尾玩味了一回。作〈梅窩紀遊〉時，我有意嘗試用杜甫的〈同諸公登慈恩寺塔〉為骨幹，配上李賀詩的外形。所以用杜詩，着眼感慨世事一點上；所以用長吉詩，着眼在詞意奇詭一點上。詩中「觸目翻百憂」句及「俯視但茫茫」以下，其實就是從杜詩「登茲翻百憂」、「俯視但一氣，焉能辨皇州」、「黃鵠去不息，哀鳴何所投」等句變來；而且二詩用的韻目相同。至於「竹霧」、「靜綠」、「頹雲」等字眼以及沉重陰寒的詩境，則常見於李賀詩中。我本來想向曾先生說明我讀書的範圍沒有他想像中的那麼廣，受不起他的稱讚；同時也想請教怎麼杜甫加李賀竟然有「雜用康樂貞曜體」的效果。只是曾先生已經過去，現在解釋和請教都無從了。

曾先生提倡以新理新事入詩，主張舊瓶裝新酒。《頌橘廬叢稿》外篇〈記陳散原先生〉一文，特別強調散原老人詩中多用新名詞這回事。曾先生指出作詩不能忘了時代，形式儘管不需改動，思想是必當改進的，一切名詞因之也應該盡量用新的，才能表現新思想和新事物。多數寫舊詩的人避用新名詞，那是因為本領不濟之故；其實如果藝術手法高妙，安放新名詞的位置安放得妥當，像散原老人那樣，讀來一樣覺得新雅而不礙眼討厭的。曾先生不光講理論，而是付諸實行，試看他民國二十一年所作〈讀北江師近詩次風字均為長句奉呈〉的起首幾句：

陰陽翕闢搏雷風，火雲一氣搏當中。散為億千萬星界，孰為雌弱孰強雄。大地球耳運萬紀，海谿陸露陽精紅。萬物怒生茁群卉，龍飛蛇逐奔羆熊。群生演進人始茁，初祖紛說源猿公。

文詞雖典雅，卻是用上生物學上進化論的說法和天文學上爆炸宇宙學的理論，新名詞屢見於詩句之中。至於後期作品，更是大有「新」得很的，譬如：

靈叱達拉士，聲昭普立茲。（〈美利堅總統甘迺第挽詩〉）

據先生自註：「達拉士」，甘迺第被刺地名，在美利堅。「普立茲」，甘迺第得文學獎金會名。又譬如：

愛神月下親為證。（〈睇電戲示仲蘭〉其一）
跨阿波羅上。（〈美太空人登月次杜工部詠月詩均贊之〉）
地震擕雷射。（〈再次杜均〉）

「愛神」、「阿波羅」、「雷射」等，都是近世出現的名詞。

他不僅自己以新理新事入詩，還要我們嘗試，方法是出富時代感的新題目讓我們寫。他先後給我們班出過三道「新」題目：〈暖水壺〉、〈飛機〉、〈潛水艇〉。寫這等新題目真是大大的苦事。要寫甚麼懷愁去國、搔首憑欄、秋月春花之類的舊情懷舊景物，儘管寫得不好，還能有所憑藉，湊合成篇；但是寫新事物如潛水艇，既無前作可供參考，又沒有舊典舊詞可依循，從哪兒着筆才好？最後沒辦法，只好用上一些貌若相似實則似近而遠的神話故事，另外加重文字斑駁陸離的色彩，極力營造氣氛和氣勢，交卷了事。詩寫得特別長，那是要裝腔作勢唬人的，完全嗅不到丁點新味兒，遠沒有達到曾先生的要求。我看同學們的作品，用新詞彙發揮新意新理的也不多。看來想在舊瓶裏注進新酒，可不易辦。

一年轉眼過去，我們升上三年級。「詩選」修完了，然而我們還是有機會親近曾先生，修讀他的「杜甫詩」。他講課以外，還是繼續要我們寫詩，還是照舊拿我們的習作到《新亞雙週刊》（現在改為月刊）發表。除了我們班和上一級同學的詩作外，我們漸漸也讀到不少二年級修習「詩選」同學的作品。他有一回告訴我，說二年級同學中很有幾位具寫詩的天分，寫作的熱情也高。他還說這幾年來同學的習作當中，水準可以的不算少，正計畫彙集起來編印一本詩集。

果然過了不久，大概是在我們三年級下學期的時候，詩集出版了，取名《新亞心聲》，封面由錢校長題字，序是曾先生寫的。序中有一段富於指示性和勉勵性的話，我抄錄在下：

然則何適而可？曰：亦唯排謬說、斥俗師，以絕其源；示正鵠、發真蘊，以端其本。鼓其氣莫之遏也，引其趣掖之進也，拔其尤加以磨礱也，詩道雖難，知所從入之途，致力之方，非甚難事也。諸生比者能成詠矣，其高者足以俯視時彥矣，唯詩之為道至廣，其用至弘，勿以一得自晝，一技自衒，當求所以本性情、發忠愛、裨政教、移風俗者探其本，而不徒爭字句之奇、文詞之美，苦心深思，岸然獨立，以求古人立言之旨而從之，庶幾詩教可復興於今日，而謬說俗師乃可一鼓盪掃刮絕盡也。諸生勉乎哉！

他另外寫了一首詩記述此事，題曰〈《新亞心聲》刊成賦示來學諸子〉，後來收入他的詩集中：

自我教上庠，忽逾三千日。衰微痛詩教，所冀千存十。昭昭正聲揭，漸漸佳句出。名章孕瓌才，老師艱抵隙。豪傑推一時，斯語吾鄙昔。義當摧萬古，杜韓試睨席。絕笑鄉曲儒，虛造矜鄉壁。

《心聲》所錄作品，由我們班往上數，共三屆，作者六十四人。「例言」中說：「本篇擬繼此續刊為二三集，以至無限，故本編題為第一集。」大概一九六三年初，即我畢業後半年左右，曾先生又編成《新亞心聲》第二集。這回由吳副校長題封面，錢校長寫序。錢校長序言簡明有意，全文如下：

曾子履川彙集文科諸生堂下詩課而刊為《新亞心聲》。茲值第二集成編，囑余為之序。余謂大學文科，流風所染，率輕習作，使學者不知前人甘苦；而遽授以文學史文學批評諸課程，其於古今文學源流派別，以及詩文高下利病，非人云亦云，即妄肆譏呵；非剽竊舊聞，即徒逞胸臆；既為害於學術，亦貽禍於風氣；其於作育人才，陶冶性情之旨，離去甚遠。循此以往，將見新論日騁，而作者將絕。今曾子力矯斯弊，能使諸生各就嚮勒，追縱前躅，雖不能至，要為學業之正道，教導之良

規，而豈所謂抱殘守缺，抑故步自封之
時下俗論所得而誣調乎？

第二集的作品，以我們四年級和下一屆三年級的同學為主，加上兩位畢了業的同學和一位二年級同學，作者共五十二人。「例言」中再說：「本刊繼《新亞心聲》第一集刊布，故字以《新亞心聲》第二集。以後續有增刊，稱三、四集，以至無限。」

令人惋惜的是《新亞心聲》第二集以後即音沉響絕；三集出不成，更不用說四集五集以至無限了。不過一九六〇年及此後入學同學的

《新亞心聲》

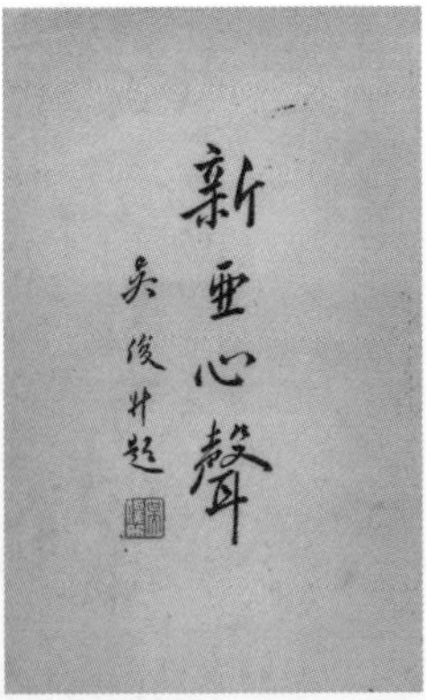

《新亞心聲》第二集

作品，繼續附印在新亞《中國文學系年刊》之後。由一九六三到一九七六年間，新亞《中國文學系年刊》一共出版了十期。第一期到第九期（一九七二年出版）裏面寫詩的同學，都修讀過曾先生的「詩選」，受過他的指導的。作品的數量後來雖然稍稍減少，其中仍有好些可取的，見出曾先生教學的成績。

《新亞心聲》一二集我看過許多回，一方面由於同學們的作品寫得很好，相當有吸引力，另外在翻閱過程當中，會使我回想起往日的同窗之樂，以及每個人的聲音笑貌和神態舉止。總的說來，我覺得那時的同學好像比現在的學生老成些成熟些。這固然跟他們的入學年紀平均比現在的學生大上兩三歲有關，另一方面恐怕也由於畢竟多唸上一兩本書，從而變得「老夫子」一點。不少人好像都能找到自己的學問路向。譬如黃漢超，他沉默寡言，最喜歷史，工夫十分紮實，書目之熟，我們無法比擬；有時提到些資料名稱，我們只有瞠目結舌的份兒。又譬如張世彬，最初喜歡詞，獨個兒從音樂的角度去鑽研，由此再跳到專門搞中國音樂方面去，成就很大。還有謝正光，他看趙翼《廿二史劄記》看出興頭，最後轉向研究歷史去了。我記得有些人還帶點傲氣，現在看回去，其實那是自信心的表現，是有積於中的表現，倒不是無理胡鬧的。我二年級時，學校舉行全校論文比賽。截稿後一兩天，麥仲貴便公開說名次可定：第一是黃漢超，第二該是他自己。我當時聽了很不服氣，現在想起來，覺得「貴叔」這句話其實可愛得很。他推黃漢超第一，證明他有自知之明，不是一味狂妄自大；他自居第二不疑，表示他極具自信，不自甘菲薄。那是狂者進取的格調，要比心無所有、怯懦畏縮、貌似謙遜的人好。

《新亞心聲》中的詩歌誠然只是學生習作，不能跟專家的作品相提並論，但是以學生的水準來說，其中一些算是突出的。個別字句誠然如曾先生「例言」中所說，經過他的改動；可是面貌骨骼，畢竟屬於作者本人，其妍其媸，基本上無法變易；況且未經改動而妙契古人的也很多，這點曾先生在「例言」中也同時指出。以下我抄錄若干作品來證明我所言非虛。為了篇幅關係，我盡量壓縮選詩數目，只選十來首；遺珠極多，不在話下。選詩排列的次序，以詩題在《新亞心聲》出現的先後為準。每位作者只能有一題的作品入選，別題中佳作雖多，一律割愛。

秋月正凝豔，把酒共誰醉？江千今夜明，空惹離人淚。（陳聘珍〈月〉）

末二句曾先生在「例言」中指出，作為妙契古人的例子。

煙雨夢添涼，催花上苑章。翦將雲日爛，散作綺羅香。解語憐朝鏡，含情對晚妝。樓前春水滿，莫便賦沉湘。（李超文〈花〉）

李同學詩筆調圓熟，詞藻意境，帶有齊梁韻味。「暈酒初生頰，凝脂易漬衣」（〈香港〉）、「拂水最憐腰暗瘦，飛花常妒夢能歸」（〈柳〉）等聯，可資證明。

海隅三月柳婆娑，又見黃鸝宛轉歌。拂水長條新雨密，沾泥飛絮晚風多。十年人事嗟千變，絕島春光付獨哦。回首依依還似舊，夢中傷亂意如何？

夾岸垂楊綰落暉，嶺南三月雨霏微。如絲綺思隨風轉，似水華年逐絮飛。客裏閒愁餘獨咤，夢中故國竟何依。鳴蟬唱罷殘春盡，猶有啼鵑暮未歸。（司徒天正〈柳二首〉）

二詩音韻輕盈，情懷婉轉，「如絲」一聯，巧思難及。司徒天正的律句，像「殘山煙霧裏，點點是鄉關」（〈海〉），既經曾先生在「例言」裏賞評；此外像「浮雲人意幻，淺草客愁生」（〈清明〉）、「此日故交誰父執，幾時幻夢尚童心」（〈庚子歲首書懷之二〉）之類，雅意清詞，常人不容易寫出。

檀欒簇簇翠入溪，引風弄葉疑雨澌。偶似撥弦一曲響，清音尤勝樹上鸝。霜筠瀟灑修影瘦，雨籜散落蘚痕隨。瓊葉珊枝凌高節，拂雲掃月看幽姿。九宵夢絕望不極，千載獨立誰相師。葱蔚竊慕作勁碧，可憐繁華凋摧時。中虛外直比松健，高節自將世俗遺。閒來且共七賢醉，人間名利真堪嗤。（陳志誠〈竹〉）

此作遣詞清麗，聲響不過於諧協，能夠寫出竹的清秀之神、堅貞之節。

渺渺一舟迴，飄零似白鷗。潮聲千月湧，檣影一鐙浮。煙水成孤

賞，雲山夢舊遊。誰家漁笛唱，涼夜海西頭？（麥仲貴〈海〉）

麥仲貴後來專研宋明理學，有人笑他頗帶酸氣，想不到年少之作，情韻深美，雅鍊動人。頷聯「千」原作「無」，「一」原作「有」，經曾先生改定後，益見出色。

蜩螗世局萬滄桑，極目河山怯晚涼。寂寂江頭霞似錦，茫茫天際月如霜。騷人去國原多淚，詞客思家枉斷腸。舞榭歌台歡正沸，誰憐海角夢還鄉。（何湞顯〈香港晚眺〉）

何湞顯為人文秀富書卷氣，詩才清麗，我很喜歡「寂寂」一聯。他的絕句悠揚婉轉，很少人比得上。

陰風起天際，環宇浩劫侵。此志何慷慨，契闊天涯深。憂來傷欲絕，艱險莫銷沉。素月光皎潔，萬古燭胸襟。海角遭飄蕩，夷市來哀吟。風雨何蕭蕭，萬壑江關陰。波瀾雖洶涌，縱橫誓追尋。寧無逝水歎，中夜起鳴琴。誰愛彈古調，欲歌不成音。悠悠此空意，彼蒼鑒余心。（曾省〈述懷〉）

曾省詩一般筆力雅健，感慨深沉。古體而外，律體亦佳，像〈弔屈原〉、〈無題〉諸作，實在可讀。

莊周夢蝴蝶，蝴蝶夢莊周。生涯如大夢，一夢散千憂。君不見古來狂客與奇士，每喜依依夢境留。太白一揮生花筆，千態萬狀筆底收。天姥何巍巍，龍蛇翻舞戲貔貅。天姥何茫茫，雲霓掩映隱瓊樓。生多疾

苦夢中樂，夢中之樂永無休。我欲沉沉一夢三千歲，好覓仙人逸士共優游。（張世彬〈讀李白夢遊天姥吟〉）

張世彬詩膽很大，隨意揮灑，每有奇意奇語，此詩略見一斑。他的〈落花〉詩起聯云：「去住原由命，癡人解得麼？」下一「麼」字，為人所不敢為。他英年早逝，「生多疾苦夢中樂」一語，厭世之意，不幸成讖。

大火流乾坤，驕陽萎百萼。清臥緣息慮，覽古通冥漠。戶庭鮮涼意，苦彼風力弱。滯氣鬱空圍，炎暑盈西閣。展目啟詩篇，珠汗滴歷落。薰蒸凝雲夢，翳燥驅懷惡。氳氤集靈台，舉步嬰千索。蒲扇徒棄置，揮揮竟何獲。雖有斑斑影，何堪退熱虐。安得蓬萊居，乘風跨玄鶴。（佘汝豐〈夏齋讀書苦熱〉）

佘汝豐寫作興趣之濃，無人可及。他喜歡六朝詩，浸潤很深，作品不期然與之接近，氣息樸厚，修辭雅飾。

年年此日登臨倦，好山好水渾看遍。臨風莫唱去年詩，塞草黃時情易變。天涯望盡鎖輕煙，斜陽衰柳一泫然。秋來漸少飛揚意，無復豪情再放顛。但將薄醉酬佳節，酒後清狂自怡悅。坑灰未冷振頹風，樽前聊自稱豪傑。醒來醒去兩無聊，西風有意亂千條。白雲似帶傷心色，投簪我欲遊逍遙。悠悠千載身萬里，眼前忽盡山河美。試馬待揮祖逖鞭，瀕危安用洛陽紙。古今成敗總茫茫，寃禽銜石何棲皇。長歌休撫專諸劍，飄零夷市度重陽。（梁巨鴻〈重陽〉）

梁巨鴻最初大概頗涉黃仲則龔定庵以至郁達夫詩，追摹既狂且俠，醉拍欄杆一類的人物和神態，此詩似乎仍由這種路數衍出。其後他又喜歡李賀詩，於是作品中又見芙蓉朽死、血冷寒凝的情調。

圍爐促膝飲，未及適野樂。乘風試破浪，相將訪雲壑。冷雲凝天際，山海神漠漠。笑語卻寒風，星眸自輝爍。極望試攀登，勁風振巾褟。荒徑杳人蹤，雄幹亦寥落。草衰萎地黃，巉石出峭崿。唯聞步履聲，間雜山寺鐸。暝色侵前路，秉燭共踧踖。不愁程浩浩，但恐歧路各。峰轉見天門，愁懷化清廓。郊游一日間，喜愕已參錯。（雷金好〈冬日郊游〉）

工於記敘，詞意復崢嶸不俗。雷同學近體如「葉落秋山瘦，霜濃雁滿天」（〈白菊花〉）等，殊不落纖弱一途。

香滿桃花水，煙籠二月天。燕歸雙翦闊，花落一絲牽。冉冉春痕老，油油草色鮮。東風羞減色，新綠大堤邊。（李妙貞〈春柳〉）

此詩清詞麗藻，綺思入微。「花落一絲牽」，卓然名句。記得當時和幾位同學看《新亞心聲》，看到這一句，大家讚歎稱絕。李妙貞詩每首都堪諷誦，〈春郊即目〉頸聯「草細牽裙角，花飛入鬢絲」，可跟「花落」句相比。〈落花〉詩起聯「一陣撲衣襟，回看無處尋」，首句入韻，即寫落花之神，的是才人手筆。曾先生有〈答妙貞〉詩云：「瓊葩端合種瑤台，記喚霜娥着意栽。國豔天香高格在，可容塵土汨仙才。」（《詩存》卷二十三）高格仙才，稱許備至。

此外像陳紹棠「一漚藏日月，萬派納江河」（〈海〉）、劉智輝「硯潤研香墨，閒多抱古箏」（〈夏日齋居讀書〉）之類的佳句佳聯，像楊楠〈香港〉、梁沛錦〈夏齋聽雨〉、陳漢忠〈山〉、楊麗冰〈颶風吟〉、陳永明〈春陰〉之類可讀之作，數目相當不少。《新亞心聲》中的作品如果還算有水準，曾先生的提倡風氣以及給我們的鼓勵和指點，該是最重要的因素。

談到曾先生編印同學們的作品，不能不寫寫《風窮酬倡詩》的結集。吳閬生先生寫過一首〈題秋風度遼圖壽王晉卿〉的七言古詩，以「風」字起韻，以「窮」字結韻。曾先生和了一首，題為〈讀北江師近詩次風字均為長句奉呈〉，又疊韻寫了一首懷潘伯鷹的詩，那是民國二十一年間的事。一九六一年前後，蘇文擢先生用吳先生詩原韻寫詩贈曾先生，這便引起了曾先生的興致，一連次韻寫了五首；而他一些在本港、台灣和星加坡的詩友也發興和作。曾先生囑咐同學們不妨試和，我們依囑做了，一共四十篇，和韻不和意。他看見我們最後能夠完篇，認為十分難得，除了送到《新亞雙週刊》分期發表外，還請《星島》、《華僑》兩報刊登。《星島日報》特別闢了一個「新亞粵聲」的專刊，一次過刊出二十篇。《華僑日報》「藝文雙週刊」分五次刊出其餘的二十首。曾先生高興之餘，在樂宮樓設宴請客，筵開五席，請的是新亞書院負責人、本港詩界以及和詩的同學。曾先生不久把首倡和全部和作彙集起來，凡六十七篇，結集成書出版，親自寫了一篇序言，說明結集的緣起。他在序言中說樂宮樓設宴花了七百港元，我看印書的開支要在七百元以上。前前後後花費倒不少。他做事往往這樣：出錢出力，然而又不抱有甚麼實際的利益目的。

序言對同學極力稱許，說這四十篇的寫成是「自大學以來所沒有的成績」。這句話我不敢說對或者不對。不過我想：當時大家和詩，大概不會想到成績上面去的，只是照着曾先生的囑咐，盡力量去做。一些和作不錯經過曾先生的修改，只是序言中所說「少者每人改幾字，多者改幾十字」，我卻有些懷疑。我的〈渤澥篇〉寫的是個人以往的經歷，原稿發還重抄時，沒有改動過。想來有些同學的作品也會這樣，看情形不一定每篇都改的。

曾先生喜歡印書，他的詩文論著，生前已印成《頌橘廬叢稿》內外篇，而詩文增編後再印成《頌橘廬詩存》和《頌橘廬文存》兩冊。師門先輩中的一些學界著名人物像范當世、嚴復、吳闓生等人的著作，他也盡力設法出版，嘉惠來學。朋友同輩的文字，如果他認為有流傳價值，即使其人寂寂不為大眾所知，他也會盡闡幽扶微的責任，想辦法讓作品面世，《饒編審遺集》的出版就是例子。饒編審即饒世忠，湖南大學學生，曾任國立編譯館編審，二十五歲在重慶病死，生平既沒有甚麼事功可稱，學術上的名氣也談不上；但他是個資質異常而又刻苦力學的人，文章浸淫六朝極深，淵懿茂樸，得到當時名流像章士釗、沈尹默和曾先生的稱賞。曾先生就是不想埋沒了亡友的心血結晶，而希望把亡友的光輝留在天壤之間，才印成遺集的。他不但出錢印書，還給集子寫序，給饒世忠寫傳，書印好後還到處去送人。

然而我知道曾先生最大的心願是編印他先世的作品。曾家是福州大族，由明末到曾先生的父親傳了十一代，科名相繼，並且代代有著作傳世。曾先生對此很覺自豪，立志要把先世的作品整理出版。四年級上學期的時候，曾先生有一天對我說先世的作品準備出版了，書名《曾氏家學》，他這幾十年來已請了不少名人作序題詞，並說我也不妨寫一首詩附在諸家作品之後。我聽了受寵若驚，一時不知所答。他說：「回去慢慢寫，你可以寫好的。」告辭以後，我心情相當紊亂。我知道他把編印先世的作品看成頭等大事，要請哪些人寫序題詞，肯定是慎重從事的，卻怎麼也料不到他會找一個學生給他寫。過了好一會定過神來，心想這是曾先生的看重，可不能令他過分失望的。

題詞不好寫。首先有諸家珠玉在前，自己寫得太蹩腳，徒然給曾先生丟臉，所以心理的壓力很大；其次是這是老師的家集，怎樣辭意得當，恰稱身份，不是一件易事；這跟平日寫詩，怨哀喜樂，雅俗淺深，隨意所之不同。由於胸存芥蒂，戰戰兢兢，神意老不暢順，起了幾回稿，總覺不滿意。可是我答應過一星期內交卷，到了最後期限，只好勉強湊成一篇交上。曾先生看了，說大致還好，可以再稍稍改動。我於是又拿回去推敲了幾天，謄寫後寄到他家裏。我有意郵寄而不當面呈交，為的是要避免見到他讀後可能流露的失望神色。蒙曾先生不棄，詩還是錄用了。

一九六三年夏天，我在新亞研究所研讀了一年以後，決定離開香港到希臘雅典留學去。留學的計畫事前沒有告訴過任何人，包括曾先生在內。等到一切就緒，我才向學校和師友們宣佈。那時留學的熱門國家和今天沒有分別，不出英美澳加等國，其次是德國法國和意大利。到希臘去唸書，那是前所未聞的事。一些關心愛護我的人乍聽之下，感到錯愕不理解，也是常情。當時新亞研究所教務長謝幼偉先生便向我提過意見，說到英美去畢竟好些，然而我沒有改變初衷。我那時想：要涉獵一下西方文明，要就中西文化做點比較研究，到西歐文明古國的希臘去未嘗不可；況且既然所有的俊才秀士都到英美加澳升學，自己就不必硬擠過去。曾先生知道我不久要遠行，特意請我吃飯，席間表示希臘的學問需要人下工夫，為人所不為不見得是件壞事；同時交給我一封介紹信，叫我到了雅典，找一位溫夫人，好得有個照應。原來曾先生不知怎的，打聽出這位夫人娘家姓曾，福建福州人，還是他的本族近支。他怕我在希臘人地生疏，特別給我寫信幫忙。

過了幾天，他又給我寫了一篇送行的文章，題為〈送鄭健行游學希臘序〉，後來收進《頌橘廬文存》之中。姚姬傳論贈序，提到「君子贈人以言」之旨。曾先生在文章中闡明中外學術必須融匯補益之意，並舉玄奘、義淨、嚴復、辜鴻銘等先賢向我提示和勉勵，真正見到君子的用心。曾先生是近代書法名家之一，整篇文章用方寸正楷寫成，秀雅飄逸，最能見出先生書法的精妙。我後來裱成手卷，珍重收藏。曾先生前後給我寫的字不算少，這卷我尤為珍愛。

一九七二年秋天我回中文大學任教。那時曾先生已退休，學校聘他為兼任教員，教學領鐘點費。登門謁見，他見到我十分高興，只是精神似乎比從前差了。談到「詩選」和同學，他不無意興闌珊的樣子。我想這跟同學的程度或學習態度無關，而是一則他年事畢竟已高，銳意無復從前；再則現實環境不大如人意，難免長出消極情緒。一九七三年新亞搬入馬料水後，他仍進來上課。路途跋涉，當然令他感到極大的不方便。他家在窩打老道，先從家裏坐計程汽車到旺角火車站，乘火車到大學。下了火車，還得跟學生們一起輪候校內巴士上新亞。校巴內如果沒有相熟的人，大概不常有人讓坐，他便站在車廂內，顛顛簸簸的站到新亞。他體胖怕熱，到了暑天，車內校園內的空氣本已炎蒸鬱悶，再加上年老體弱，這麼來來往往、上上下下，應當是挺辛苦的。

他沒有問過我做不做詩，我也沒有向他提起作詩這回事。事實上在外國過了接近十年，詩藝——如果從前還算有一點點的話——早已忘失淨盡了；況且回港初期，個人和教學的事務紛繁雜亂，使人忙不過來，根本也無法寧神靜意「重理舊業」。只有一九七三年春天，我因為有事到梅窩去，想起從前寫的〈梅窩紀遊〉，時光荏苒，不料一幌眼十來年過去了，心中着實有一番感慨。回航時在船上寫了一篇〈後十二載重遊梅窩〉的稿子，回家修改後，送給曾先生評閱，後來還拿到《新亞月刊》上發表。詩是：

原疇偃故綠，遠嶺氤氳紫。晴光浮薄霄，春暖撲桃李。我來竟寂寞，空記舊蘭芷。日月躡景馳，奄忽歷一紀。踐塗任險夷，迴身避潭水。水清愈惘然，恐非盛容止。少年多慷慨，壯懷殊未已。

曾先生看了我的詩，說頗近小謝，還加上評語：「去國十載，舊學未荒，可喜也。」這是曾先生最後一次給我評詩，因為此後我又有一段時間放下筆不寫詩，而曾先生則在兩年以後，即一九七五年九月間，離開人世了。

曾先生辭世轉瞬十二年了。他的容貌聲音，仍舊歷歷存在我心中，我相信同樣也歷歷存在許多同學的心中的。感到遺憾的是：他多方面的造詣邁越時人，只怪當年自己識見凡陋，看不出難能可貴之處，未能加以足夠的尊重，沒有認真地向他請教、跟他學習。他不是個吝嗇的人，只要誠心求教，一定會傾囊相授的。可惜我愚頑不肖，遇到寶山，竟不會取寶。到現在醒覺過來，已是機會不再，為時已晚了。說到曾先生的為人，他的率性去偽，樂助揚善，不計名利，讀書時不是體會不到，只是體會得不深。有時還拿他某些率真自然的舉止作為談資，很有戲笑不敬之意。十多二十年以後的今天，仔細反省；往日的輕浮，雖說由於年紀的關係，無足深責，但畢竟要指出那是不對的。他的品格風節，實在高尚可敬。所謂古人之風，所謂古道熱腸，我看就是這個樣子。

曾克耑先生怎樣批改詩課

一九五九年度我就讀母校中文系二年級。二年級課程性質跟一年級的大是不同。一年級科目，除系主任親自任教的「大一國文」外，其他像「中國通史」或「社會學」之類三四種，很有通識味道，而且都由別系老師任教。升上二年級，便覺自己是真個中文系學生了。本年科目有「大二國文」（系主任教），還有「中國文學史」、「詩選」、「論語」、「孟子」幾種，那是不折不扣的中文系科目。當中「詩選」一門屬必修科，由曾克耑先生主講。

曾先生是近世古文、舊詩和書法名家，人所公認。他坦率和易，不拘小節，上課不板臉孔，我們都不怕他。他用高步瀛《唐宋詩舉要》作教本。上課的時候，有時身體半俯靠着桌子，就書中引錄的評語講解一下；或者轉身寫黑板，然後再半俯下來提出一些個人看法。下課之前出詩題回家做，下星期交卷；偶然也會堂上作詩，下課交卷，一星期後批改發還。

我當時有個初步感覺：曾先生好像非常看重我們的詩作練習。當時的初步感覺，多年之後我補充多少肯定下來，直到今天。曾先生教「詩選」，重點不一定放在個別篇章的講解分析上，他最重視的似乎是同學的習作練習和給他們批改。我跟一些同學包括做中學老師的同學談過這話題，大家都同意我的看法。一些同學還說：曾先生改詩改得最好，日後很受用。只是話說回來，曾先生到底怎樣批改我們的詩作使我們受用？同學們好像沒有誰作過具體說明，不要說文字上的說明，連口頭上的說明也沒有。

我一九六二年母校畢業，到今天已過了六十一個年頭。求學時種種資料，早散失殆盡；然而幸運的是：曾先生發還的批改詩課稿紙，還保留一大疊。我不敢說全部詩課稿紙都保留下來，但現存數目達二十九題三十三首，起碼該是習作的大部分。這三十三首，除了四五首是四年級修「杜甫詩」時寫的以外，其他全是「詩選」一科習作。每篇之後有批語，篇中字句多有改正。我忽然想：根據稿紙上的批改，大抵能夠看出曾先生怎樣改詩。不過三十幾首批改文字全錄下，未免太多；我以下選出四詩為例，略作個人揣測說明。即便只有四例，也就能見一斑了。

我這裏先行記下二十九回習作題目。五古：述懷、述學、重陽節、冬日郊遊、遊梅窩（《新亞心聲》改作〈梅窩紀遊〉）、詠松、原子彈。七古：題竹、飛機、潛水艇、秋風辭、次曾先生風字韻。五律：水仙、白菊花、香江晚眺、海、端午節弔屈原（《新亞心聲》刪「端午節」三字）、夏日齋居讀書、夏齋聽雨、螢、大雨、耶穌誕。七律：煙火、冬暝、青山寺、諸葛武侯。七絕：春晴、春雨。五言長律：遊兵頭花園。

以下各例，先錄原詩文字，後引改文和批語，並試作析說。我再說一遍：所謂析說，全屬個人揣測，不見得是曾先生本意。析說錯了，當然歸我負責。

詩例一

述學

少小耽佳句，披帙神驚馳。居僻才士棄，前賢作我師〔一〕。卓哉誠宗匠，少陵萬載垂〔二〕。格雄聲壯大，筆搖五嶽移。迺攝造化意，元氣沛淋漓〔三〕。長吉好鬼泣，咽咽吟楚辭。茫然義山懷，幽豔託瑤姬。璀璨譬長星，小子敢心儀。效顰試握管，巧拙判雲泥。海深何由測，天高不可窺。曾子詩敵古〔四〕，誨勉無所私。長願聆謦欬，愧乏絕世姿。安能夢綵筆，竊與昔人齊。

批改、析說

〔一〕「前賢作我師」改為「前賢真吾師」。「作」字平常道出，不如「真」

字有強調心意作用。又此詩為五古，五古不必追求句調過分流暢，但原句「平平仄仄平」竟是律句，放在五古中未見合適。曾先生改後，全句作五平聲，免去律調。

〔二〕「卓哉」兩句改為「卓哉少陵老，宗匠萬古垂」。原來「卓哉」句有這樣意義：偉大啊真是受尊仰的大匠；運意稍見重疊，也沒有即時凸顯杜甫，改後解決了問題。又杜甫〈醉時歌〉有句「名垂萬古知何用」。改「萬載」為「萬古」，用杜甫語寫杜甫，更見扣合。

〔三〕「格雄」四句中改「壯」為「實」，更合正常表達方式。「元氣」句改「沛」為「浩」。仔細想來，「沛」即「淋漓」意，不必重用。「浩」有廣大而具氣勢意，所謂浩然之氣，和「沛」或「充沛」意不盡同。可以合用。

〔四〕「曾子」句中改「曾子」為「夫子」。「夫子」一詞是學生對老師的專有稱呼，顯示出師生關係。「曾子」可以是外人對曾先生的尊稱，不一定顯示出稱呼者是學生。我當時修習曾先生的課，不宜用空泛的「曾子」稱呼，彰彰甚明。

補記

詩末總批云：「能知由二李入手，所造故爾不凡。」這裏我想談談個人讀批語的感想和反應。第一，曾先生「所造故爾不凡」的話，其實是激勵後學的善意誇大語。就本詩論，下字造句不當處明白可見，哪裏稱得上「所造故爾不凡」？大概因為初作，居然能夠成篇，曾先生便說得鬆一點，好激勵我的上進心吧。第二，曾先生不反對我沿二李（李商隱、李賀）而入，見出前輩的　容和不隨便阻沮後輩用心。誰都知道，他最重杜甫，對李白且有微辭，何況其他？不過我當時對二李特別是李賀，的確喜好。寫〈題竹〉和〈秋風辭〉二詩時，着意模倣李賀風格。曾先生讀了，在〈題竹〉後批云：「長吉之遺。」在〈秋風辭〉後批云：「頗得昌谷之神。」算是看到了我的用功。但〈秋風辭〉後批語接着說：「唯鬼語宜戒，以少年文字以氣象光昌為主。」這麼說，他對我對二李特別是對李賀的傾向不無保留的。第三，我是喜歡二李，我也明白曾先生推尊杜甫。下筆時頗作盤算；光寫二李，怕不中曾先生心意，於是拉杜甫擡頭，對杜甫說了好幾句空洞讚語，才轉筆到二李去。寫罷三家，用「小子敢心儀」句頂上結束，說成好像老杜二李都是敬佩的學習對象的樣子，只求蒙混過關。哪曉得曾先生好像一眼看穿，只說我由「二李入手」，撇除杜甫不提。

詩例二

潛水艇

昔人不薄重今人，瀚海翻騰億頃光〔一〕。目眩神悚臨岸拜，造化隨意測無方。水深下壓幾千里，奇思縱橫恣飄颺。蜃氣幻麗蛟興雨，嘯吟涼夜尾閭藏。尾閭玄冥忽璀璨，耀曄珠光玳瑁堂。仙姬殷勤捧玉盞，鈞天樂奏壽龍王。犀角莫求照水入，遊鯨渺跡空瞻望。共鼓貨狄何所能〔二〕，刳幹剡木沼澗行。豈見汽輪逾萬噸，悸心潛艇沒汪洋〔三〕。直潛極底迴西東，朝南暮北四海航。悄寂沉沉疊湧至，景象紛殊墜夢鄉〔四〕。日月不臨幽終古，鱗介閃爍發微茫。雲低天死晦無盡，流螢弄輝緩飛翔。深藍暗紫瞬息異〔五〕，魚鼉奔竄盡驚惶。攘攘擾擾多珍種，遺類傳衍自洪荒。百臂屈伸水漩激，瞪目斜睨身若槍。或有沉浮隨所之，或有噓沫首高昂。峰巒聳峭懸崖立，濤重千尋獨力扛。硝煙激射俄崩裂，沸海撼天勢若狂〔六〕。珊瑚七色隱巖間〔七〕，積緋凝翠勝琳琅。幹枝咫尺世罕覯，金谷園中會舉觴。神境縹緲何由覓，縱遊鏤心亦不忘。安得盡快眾士意，相邀攜手入風浪〔八〕。惜哉唯作殺人器，漂血流戈悲未央。

批改、析說

〔一〕「瀚海」句的「瀚」改為「大」，旁批云：「瀚海乃沙漠，非真海也。」甚是。

〔二〕「共鼓」句末三字「何所能」改為「爾何能」。共鼓、貨狄二人，據說是上古船隻的最初製造者。「爾」既回指兩人，又能使下面「豈見」幾句的主語更加明顯。

〔三〕「豈見」兩句改為「豈見飈輪萬鈞力，悸心動魄沒汪洋」。有「萬鈞力」的船，才能「直潛極底迴西東」。船逾萬噸，跟「直潛」了無牽涉。既然強調船的機械力，則「汽」字用一富力量感的「飈」字代替，順理成章。又題目為「潛水艇」，同樣字眼篇中不必出現，讀者對種種描寫自會引到「潛水艇」上去，所以句中「潛艇」二字可以不用。而且上用「飈輪」，下用「直潛」，提示已足。

〔四〕「景象」句改「墜」為「疑」，下文「魚黿」句改「盡」為「皆」、「遺類」句改「自」為「來」、「積緋」句改「勝」為「光」、「金谷」句改「會」為「當」、「縱遊」句改「亦」為「嗟」。幾個被改字都屬句中第五字，都是仄聲；曾先生改為平聲字。改動的理由，詩末批語說出：「七古第五字須用平聲，響乃能高亮。」

按一韻到底而押平聲韻的七古，押韻句第五字宜作平聲，是清人整理古人作品音調後總結出來的法則，好像翁方綱著錄的《王文簡（即王士禛）古詩平仄論》，開首便說：「七言古自有平仄。若平韻到底者，斷不可雜以律句，其要在第五字必平。」曾先生據古指點，我那時當然不懂。

〔五〕「深藍」句改「藍」為「碧」。深藍暗紫，色調同近陰晦，瞬息變易之際，對比不明顯。「碧」色比較光亮，古人說「春草碧色」，可見此字色調特點。就算是「深碧」，也要比「深藍」光亮，瞬息變易之際，感受清晰多了。其次改「藍」為「碧」，句中下六字全是仄聲，聲響更覺拗峭。

〔六〕「沸海」句「沸海」、「撼天」二詞互易，成「撼天沸海勢若狂」。七古不宜雜以律句，上面引王士禛語說了。原句為「仄仄仄平仄仄平」，二四六字平仄不同，近於律調。改後為「仄平仄仄仄仄平」，四六字同仄，便是離律入古調了。

〔七〕「珊瑚」句改「巖間」為「巖竇」。「巖竇」即巖穴，地點更具體明指。

〔八〕「相邀」句改「入風浪」為「風浪浪」。按「浪」有二聲，一屬漾韻去聲，一屬陽韻平聲。平讀仄讀，有其特定意義，不能混用。風浪的浪要讀仄聲，可是從韻腳的角度看，卻要讀平聲；這樣便出現聲調和意義不相配合的情況。這種情況，古人作品中雖偶有所見，到底不足為訓；何況初學輩，怎可隨便使用？所以曾先生便改成該平讀的「浪浪」了。

補記

《新亞心聲》第二集卷中錄同學〈潛水艇〉諸作，我的詩也收錄了。我拿紙上改稿和書中文字對照，發現又有幾處補改。這也許由於曾先生改習作時，偶爾未曾顧及。後來編輯印書，再看詩作一遍，另行補足。幾處補改如下：

第一，第二十一句「悄寂」句改為「龍宮沉沉浪湧至」。原句中「悄寂」，空虛而非實體。「湧至」云云，只是作者的主觀感受，並非實象可見。另一方面，浪濤可見，疊湧而至，具見氣勢。再說上數句有「龍王」字眼出現，下文應該有所照應。曾先生也許從這樣角度考量。

第二，第二十三句「日月」句「幽」改為「閟」。「閟」字更古雅明確，自不待言。

第三，第二十四句「鱗介」句改「發」為「森」，道理與上述（五）相同。

第四，末句由「流戈漂血」再改為「流血漂戈」，全句為「平仄平平平仄平」，又近律句了。看來詩句前四字，無論「漂血流戈」也好，「流戈漂血」也好，曾先生都不覺恰當，要改到通暢明白為止。為了通暢明白，聲響可以稍稍寬鬆處理。本來《書經．武成》有「血流漂杵」一語，「血」用「流」字說明，「戈」用「漂」字說明，成「流血漂戈」，最有依據，最是明暢。《書經》文字，我寫詩時知道的。但不知為甚麼，當時又記起《世說新語》中把「枕石漱流」說成「枕流漱石」的故事，心想「枕」、「漱」的事物互易之後，很具新鮮感，不妨倣效，於是寫出「漂血流戈」來了。曾先生大抵認為遣詞造句，首先要有所依據，特別是經典的依據最好。功力未到，還不是追逐新鮮的時候。

詩例三

白菊花

借得姮娥魄，裁霜作縞衣。天秋誰與立，夜露影同依〔一〕。冷雨垂簾遠，幽香入夢微。無言堪久坐，移種近林扉。

批改、析說

〔一〕第三句全刪，改為「秋高神自逸」。第四句改「夜露」為「露下」。詩末批語有「『天秋』不詞」。又云：「天秋、夜露、冷雨、幽香，又平頭。」說明改正原因。按「天秋」為生造詞語，沒有人這麼說，所以要改回流行用語。另外「天秋」、「夜露」等四詞，結構形式相同，形容詞加名詞，如此句式便單一缺少變化。改為「秋高」、「露下」，構詞便與「冷雨」、「幽香」不同。

補記

變化句法是曾先生改詩時經常作出的提示和指點。好像我〈春晴〉第二首：「白杏紅桃亂吐香，鶯飛燕舞蝶蜂狂。春光爛漫彌天地，高嘯長吟漫舉觴。」詩末批語云：「排疊字少用為宜，應變寫句法。」曾先生在「白杏紅桃」、「鶯飛燕舞」、「高嘯長吟」各字旁用紅筆打勾，表示是排疊字，句法相同。他不作改動。實在說，全詩二十八字，有十二個字有問題，還能改甚麼。《新亞心聲》第一集此詩不入選，已經說明問題。

《新亞心聲》第二集〈白菊花〉題下，本詩入選，「露下」改為「露白」，作為定稿。「秋高」之「高」和「露下」之「下」，詞性畢竟有距離；改「下」為「白」，與「高」字詞性相同。順便一提：曾先生改詩時，往往會就對仗工整與否，作出提示或改動。譬如我〈大雨〉詩頸聯：「折傷憐黍稷，叩拜泣鄉農。」批語云：「『黍稷』不能對『鄉農』。」又如我〈煙火〉頷聯：「散緋爛縵隅天碎，墜彩翩聯玉屑輕。」批語云：「『隅天』不能對『玉屑』。」改「隅」為「金」。凡此都是例子。

詩例四

青山寺

秀景能招謝客臨，凝雲壓雨見華簪。風塵五嶺頻鞭石，世事百年幾慟心〔一〕。
秋鳥秋花齊濺淚，素衣素酒獨行吟。中宵起立憑誰舞，促織聲寒棟宇陰。

批改、析說

〔一〕「風塵」一聯改為「韓書五嶺餘鑱石，杯跡千年合鑄金。」按青山寺有韓愈字跡刻石和杯渡禪師遺跡，所以有「韓書」、「杯跡」的改動。第三句「鞭石」，我本意寫韓愈事。句下我自注：「寺有韓愈字跡鐫於石，弔者擊石歔欷。」我用「擊石」，其實是說明「拍石」，等於「拍欄杆」之類。但「擊」、「拍」仄聲，不合句調，所以改用平聲「鞭」字。可是如此一來，竟拉到秦始皇典故上去了。《初學記》引《三齊略記》曰：「秦始皇作石橋，欲過海看日出處。有神人能驅石下海，石去下不速，神輒鞭之，皆流血。」詩末批語即指出：「鞭石乃秦始皇故事，與摩挲韓跡無關。」既然與韓跡無關，其他各句又盡是空泛情景語，全詩便見不出能緊扣青山寺去寫；批語又說「於題似少發揮」，其故在此。曾先生要扣緊青山寺寫，於是下「韓書」、「杯跡」二詞。

「風塵」二字，曾先生改作「遺蹤」，圈掉。再改作「儒書」，復圈掉「儒」字。最後定為「韓書」。「鑱石」先改作「斷石」，復改為「鑱石」；又圈掉「鑱」字，最後再寫回一個「鑱」字作定稿。「世事」之「世」改作「杯」，「杯」在另一個看不清楚的字上面深筆寫出，顯見此前曾先生有一改字，只是不大滿意而已。

補記

《新亞心聲》第二集〈青山寺〉題下選錄本詩，本聯再作改動：「大書逐客餘鑱石，異蹟高僧合鑄金。」原句「五嶺」、「千年」云云，殊覺浮泛；改後更能把兩個典故寫出，貼切詳盡。

曾先生改字改句，不嫌屢易，務求改得最理想；足以見出他態度的認真和對後學的關懷，我們也因此從中得到極大的教益。再舉一例，我的〈春雨〉第三首，原詩為：「春君着意潤蔥蘢，微雨東來俱好風。只恐瑤台仙子處，芳葩奇卉盡殘紅。」曾先生在「俱」字旁橫寫兩字：「挾」、「帶」，看來他認為「俱」字未佳，要改。我看到《新亞心聲》第一集中本句用「挾」字，明白這是曾先生經斟酌後的決定。又「仙子處」的「處」字，曾先生改為「笑」字。可是出現「笑」

字前，曾先生寫過「渺」、「隔」、「遠」三字，均圈掉；「笑」字其實是第四個改字。曾先生為甚麼捨「帶」字用「挾」字，為甚麼捨「渺」、「隔」、「遠」等字而用「笑」字，我們仔細體會，便能受益。

總括而言，曾老師批改同學的詩課，態度認真。他改字改句不煩刪易再三，我相信這跟他對待自己的創作無異。所以這樣，只是希望學生得到最好的引導，有助日後風雅弘揚。不惜金針度與人，怎不教人欽佩敬重？

附錄：曾克耑先生批改詩課手稿

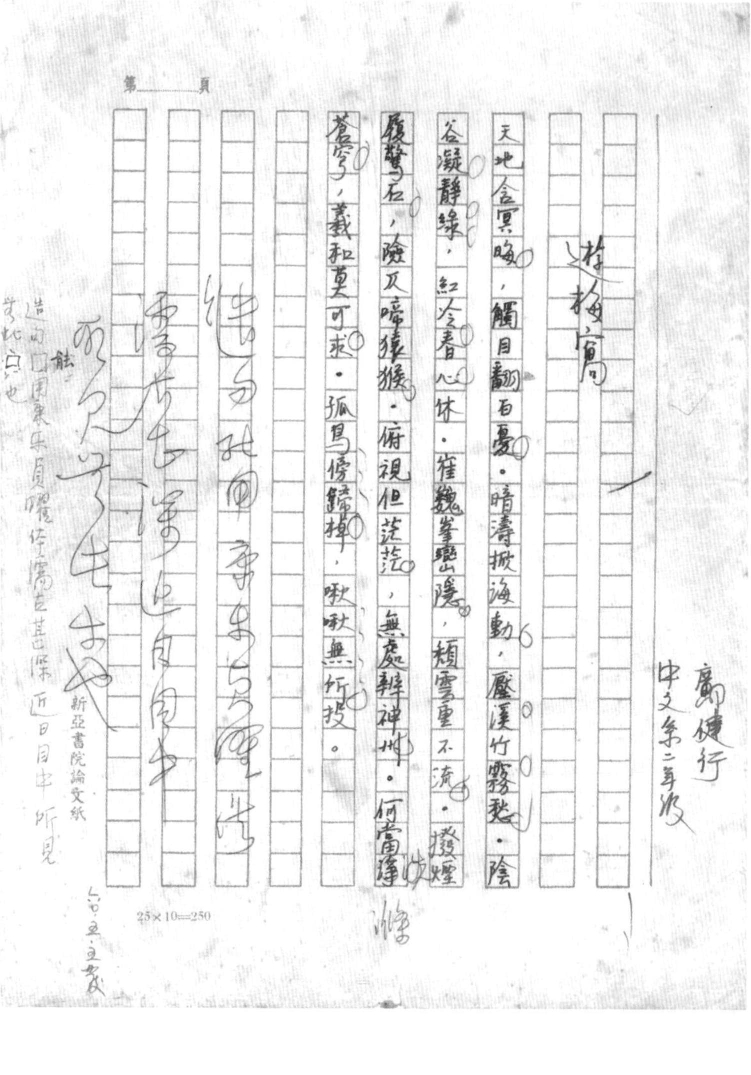

第＿＿＿＿頁

遊梅窩

鄺健行
中文系二年級

天地含冥晦，觸目翻百憂。暗濤掀海動，壓溪竹霧愁。陰谷凝靜綠，紅冷春心休。崔巍峯巒隱，積雲重不流。撥煙履驚石，險仄啼猿猴。俯視但茫茫，無處辨神州。何當淩蒼穹，羲和莫可求。孤鳥傍歸棹，啾啾無所投。

[illegible]

新亞書院論文紙

25×10＝250

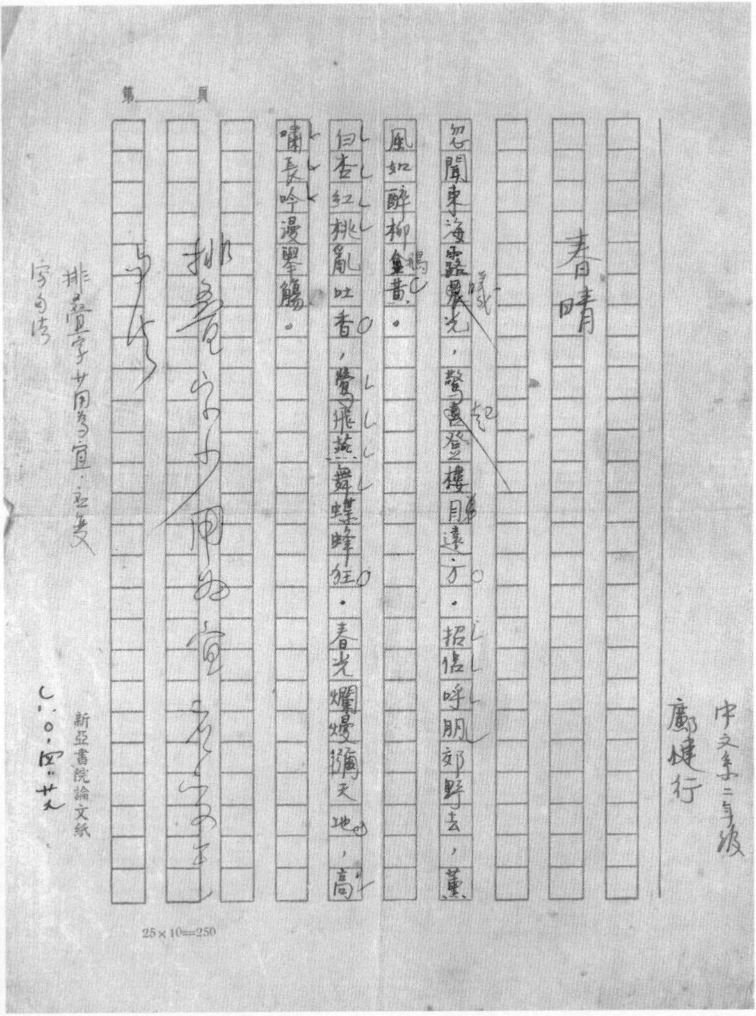
第　頁
春晴
中文系二年級
鄺健行
忽聞東海露晨光，驚起登樓目遠方。招侶呼朋郊野去，薰風如醉柳鶯黃。
白杏紅桃亂吐香，鶯飛燕舞蝶蜂狂。春光爛熳彌天地，高嘯長吟漫舉觴。
排疊字少用為宜
排疊字少用為宜，宜改
字句清
新亞書院論文紙
25×10=250

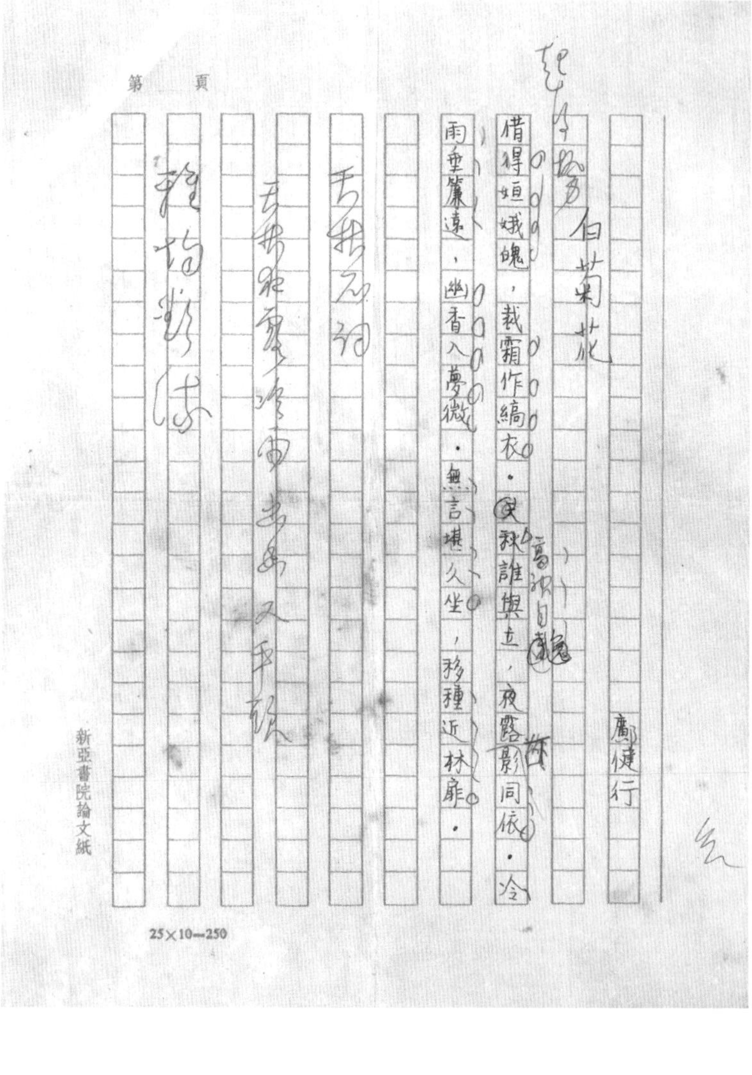

第　頁
白菊花
酈健行
借得姮娥魄，裁霜作縞衣。吳秋誰與立，夜露影同依。冷雨垂簾遠，幽香入夢微。無言堪久坐，移種近林扉。
新亞書院論文紙
25×10—250

責任編輯　張軒誦
書籍設計　陳朗思
書籍排版　吳丹娜　陳朗思
封面圖片　錢穆先生與楊勇校友（左三）及其他畢業班同學合影，攝於一九五九年。

書　　名　學藝多方：新亞農圃道中文系師友述記
著　　者　鄺健行
出　　版　三聯書店（香港）有限公司
　　　　　香港北角英皇道四九九號北角工業大廈二十樓
香港發行　香港聯合書刊物流有限公司
　　　　　香港新界荃灣德士古道二二〇至二四八號十六樓
印　　刷　美雅印刷製本有限公司
　　　　　香港九龍觀塘榮業街六號四樓A室
版　　次　二〇二三年六月香港第一版第一次印刷
規　　格　大三十二開（132×210mm）二三二面
國際書號　ISBN 978-962-04-5003-7